JN240818

フィンランド発 幸せが見つかるライフスタイル

WAVE出版

はじめに

Moi!

もい＝
フィンランド語で
こんにちは

初めまして、私は世界でもっとも幸せな国といわれる北欧フィンランドで生まれ育ち、日本で幸せに暮らしているラウラと申します。私は好奇心旺盛な性格で、ある日の思い付きで親近感が湧いていた日本へ留学しようと決めて来日して以来、日本での暮らしも通算14年となりました。新卒で日本の大手IT企業に入社して、その後フィンランドのライフスタイルを広く伝える仕事や、最近は特にサウナ関連の仕事をしています。

フィンランドは、北海道よりはるかに緯度が高く北に位置する四季のある雪国です。人口は約556万人と、北海道よりやや多いくらい。ただ面積は日本とさほど変わりませんので、どれだけ人が少ないかわかるかと思います。人口は少ないけれど、その代わりにあるのは森と湖、300万個以上のサウナ、そして幸せを感じられるライフスタイルです。日本から直行便の定期運航もあり、夜に日本を出発して、翌朝にはフィンランドに到着！ということも可能で、実は一番近いヨーロッパです。

そして、日本人とフィンランド人は意外と国民性が似ています。例えば、時間や約束、ルールを守り、礼儀正しく、謙虚で真面目でちょっとシャイ。会話の中で静かな間があっても気持ちいい。日本のお風呂とフィンランドのサウナ文化、家に入る時に靴を脱ぐという共通点もあります。そして紛失物が戻ってくる確率が高い。四季を意識して暮らす文化や、シンプルなデザインが好まれることも共通しています。

北欧諸国のひとつであるフィンランドが日本でとても人気で注目度も高く、フィンランド人としては感謝の気持ちでいっぱいです。そして、さらに嬉しいのは、この想いは片想いではなく、両想いだということです。というのは、フィンランド人も日本が大好きです。

例えば、普段行列したがらないフィンランド人ですが、日本関連のイベントがあれば、マイナス20度でも外に並びます。例えば、無印良品ヘルシンキ店のオープンや、芸術家の草間彌生さんやデジタルアートが人気のチームラボの展示、そしてお寿司を食べる時にもです。

最近は日本の春の風物詩、花見も人気です。日本人が桜に感じる儚さは、フィンランド人の夏に対する気持ちに似ているかもしれません。

そして、日本人がフィンランド人よりも知っている、フィンランドの特徴があります。それは、フィンランドには「幸せ」があるということです。

私の故郷フィンランドは、世界幸福度ランキングで8年連続1位*になった、幸せが見つかる国として世界的に注目されています。世界幸福度ランキングとは、国連などが世界140カ国ほどで行った世論調査をもとに、各国の過去3年間の幸福度を評価し、これに加えて国内総生産、社会的支援、健康寿命、人生の選択自由度、他者への寛容さ、国への信頼度（腐敗の認識）の6項目の評価を取り入れたランキングです。

しかし、フィンランド人自身はそのランキングに懐疑的です。世界幸福度ランキングで1位にランクインしたとき、「本当に私たちは幸せなのかな？」と思っている人がいました。8年連続世界一幸福な国に選ばれたことで、国外で話題になっていることを機に、「私たちは本当に幸せなのかも」と気づき始めている人が増えているように感じます。

確かに男女平等と公平を大切にする社会、相互信頼度が高く自分らしく暮らせる寛容さがあること、幸せに生きるための国際的な経済競争力と社会福祉の両立、環境と社会の持続可能性、社会の法的基盤とガバナンスなどの点で例外的な存在で、世界的なロールモデルにもなっています。しかし、この幸せの背景になっている社会、環境、文化や考え方の要素が当たり前すぎて、灯台下暗しの状況になっていました。

このように紹介すると、まるで夢の国に聞こえるかもしれませんが、私は日本で14年暮らしていて、第二の（最近は第一になりつつある）故郷、日本からフィンランドを見てきました。

また、フィンランドのライフスタイルを日本で広めることや、日本から見たフィンランドの強みをフィンランド企業にアドバイスする仕事に携わっていることもあり、「フィンランドの幸せとは何か」をずっと考えて発信してきました。そして、フィンランドで生まれ育ち、今は日本に暮らしている一人のフィンランド人としての答えが見えてきました。2006年に初めて来日してから考えてたどり着いたことを一冊にまとめて、皆さんにお届けしたいと思っています。

もちろん一人ひとりの幸せは、幸福度ランキングが1位か100位かで決まることではありませんし、「これが幸せ」という一つの正解はなく、幸せのかたちはみんな違います。とはいえ、本書には自分なりの幸せを見つけるためのチャンスやヒントがたくさん潜んでいると思います。これから、フィンランドの自然や文化を紹介するとともにライフスタイル、そしてマインドセットについてもお伝えしたいと思います。

ぜひお楽しみください。

＊World Happiness Report 2025.

Contents

CHAPTER 1

Life & Work

CHAPTER 2

Design

CHAPTER 3

Nature & Food

CHAPTER 4

Well-being

Data

正式国名 —— フィンランド共和国
面積 —————— 33万8449㎢
人口 ——— 約556万人（IMF2023年）
首都 ——— ヘルシンキ（**Helsinki**）

Chapter 1

Life & Work

おうち時間を大切に～kotoilu（コトイル）～

日本で新型コロナウイルス感染症の流行期に「おうち時間」が注目されるようになり、「おうち○○」といった言葉が2021年の「今年の新語」9位にランクインしました。

私はこの発表を聞いた時「なぜ、これが新語に選ばれたのだろう？」と不思議に思いました。家にいることの目新しさがわからなかったのです。なぜなら、フィンランド人はずっとおうち時間が大好きなので、「おうち時間」という言葉がコロナの前からあったからです。

それは、「**kotoilu**（コトイル）」という言葉です。

「**koti**（コティ）」は家、「～**ilu**（イル）」は何かをする様、合わせて「おうち時間を過ごす」という意味。

コトイルとは、自分が心地よいと感じるインテリアなどで居心地の良い家をつくり、家で自分にとって大切なことをすること。好みはみんなそれぞれですが、読書、ゲーム、工芸、料理、家族や友人とのおしゃべり、日曜大工も人気です。

では、なぜ家にいる時間がここまで大切にされているのでしょうか?

フィンランドにもある四季

フィンランドの北部ラップランドにはサンタクロースが住んでいて、季節によってはオーロラも見えるほど緯度が高く、アラスカと同じくらい北にあります。フィンランドの作家トーベ・ヤンソンによって生み出された世界中で愛されている物語「ムーミン」のキャラクターも実は冬眠します。

四季の中でも冬、「雪国」のイメージが強いフィンラ

父のコトイルコーナー。実家の二階に本やレコードがたくさん。よく見るとフィンランドデザインのアルテックやペンティック、マリメッコが見つかるかも。

ンド。冬がずっと長く続くのではないかと思う方もいるかもしれません。

しかし実際のフィンランドは実は四季がとてもはっきりしていて、春夏秋冬の季節の変化を楽しめます。

新緑や自然光がキラキラ輝く綺麗な春、短くて一瞬で終わってしまうけれど、とても気持ちがよくて儚い夏、すっきり爽やかな風が吹く紅葉が美しい秋、そして雪が降って氷点下の日が続く冬。

この四季と自然がフィンランド人のライフスタイルの姿を作ってきました。 そして重要なのは、フィンランドの四季は気温の差があることだけではなく、夏と冬の日照時間の大きな差があることです。

1
2

1／妹とシナモンロールタイム。あえてカフェではなく家で楽しんでゆったり。本来ならばコトイルは自分で楽しむものであって、あまり写真を撮らないのですが、久々のフィンランドだったのでパシャリ。 **2**／フィンランド人の友達が送ってくれた1枚。「家の暖炉の前でコーヒー。人生で一番幸せなことだよね」というメッセージ付き。

夏の白夜、冬の極夜

夏は「白夜」といって、太陽が沈まない、もしくは太陽が沈む時間が一日のうちのたった数時間という日が続き、冬は「極夜」という、太陽が顔を出さない、もしくは太陽が出ている時間はほんのわずかだけという日の連続です。

このように夏と冬で日照時間が大きく変わるフィンランドでは自然光がとても大切にされていて、日本の桜の開花と同じように、その日の日の出と日の入りは毎日のニュースになるテーマです。

新聞の一面には年間を通じて、いくつかの都市の日の出と日の入りの時間が紹介されているのですが、その中でも面白いのは北部フィンランドの「**Utsjoki**（ウツヨキ）」という北極圏内にある地域の情報です。

例えば11月下旬に、日の出と日の入りの時間を確認すると、「日の出　1月17日」と記載されています（約2か月間、日の出がない！）。夏の場合も同様、5月下旬の新聞では、日の入りが7月28日と報じられています（白夜のため5月下旬から約2か月間、日の入りがないのです）。

毎日の豊かな時間を作るため

短くてあっという間に過ぎてしまう夏はフィンランド人にとって特別な季節ですが、対して暗くて寒い冬が長く続くということもライフスタイルに大きな影響を与えてきました。**家の中にいる時間がどうしても長くなる季節に、その時間をどのように豊かに快適に過ごして、外の暗さが気にならないようにするかが大切です。**

北欧のデザインや暮らしをイメージした時に、カラフルなパターンや天然素材を活かしたテキスタイルやテーブルウェア、家具や照明、雑貨などのインテリアを想像される方が多いのではないでしょうか。このイメージはまさにその通りです。

家、コティの中で過ごす時間を素敵な時間にできるようにと生まれたのが、世界的に有名

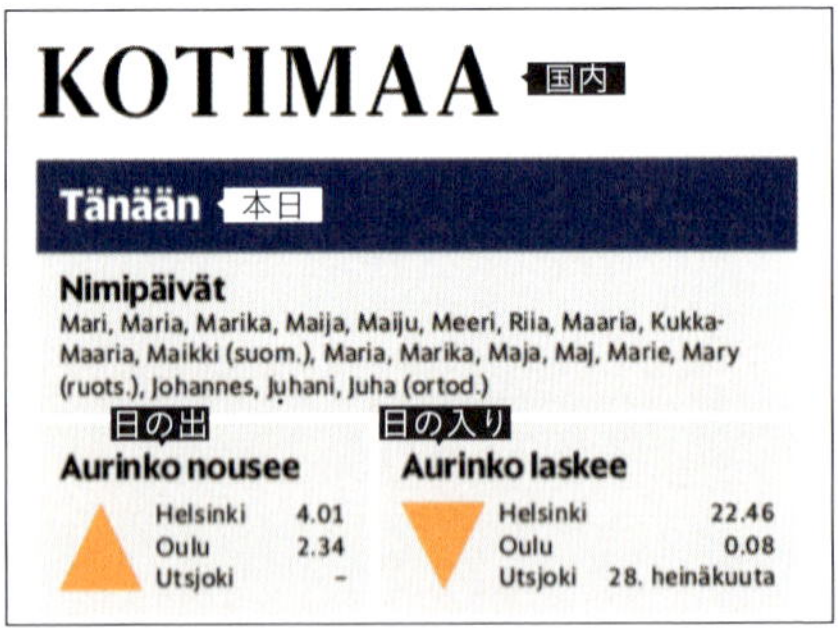
KOTIMAA 国内

Tänään 本日

Nimipäivät
Mari, Maria, Marika, Maija, Maiju, Meeri, Riia, Maaria, Kukka-Maaria, Maikki (suom.), Maria, Marika, Maja, Maj, Marie, Mary (ruots.), Johannes, Juhani, Juha (ortod.)

日の出 Aurinko nousee

Helsinki	4.01
Oulu	2.34
Utsjoki	-

日の入り Aurinko laskee

Helsinki	22.46
Oulu	0.08
Utsjoki	28. heinäkuuta

2019年7月2日のフィンランドの新聞（一部抜粋）。北部ウツヨキの日の出の記載はなく、日の入りが7月28日となっています。

なインテリアブランドの数々。

例えば、日本でも人気が高いテーブルウェアのイッタラやアラビア、建築家兼デザイナーアルヴァ・アアルトなどによって設立された家具メーカーのアルテック、そして本国では知らない人がいないぐらい有名なフィンレイソン（フィンランド最古のテキスタイルメーカー）やペンティックなど。「フィンランドファッションといえば」という存在のマリメッコもすべての人の毎日を豊かにしてきました。

家の中にいる時間が長い時期に、どのように気持ちよく過ごそうか？

それを考える季節は、昔も今も変わらず一年に一度はやってきます。だから、フィンランド人はおうち時間上手といえるかもしれません。

近年コトイルが注目されているのは、パンデミックの影響も多少あったかもしれませんが、毎日がとにかく忙しく、ストレスを感じることが多いので、そのバタバタ

ペンティックのテーブルクロスとペーパーナプキンにイッタラの食器。とある日のおうちご飯。

な生活から逃れリラックスできる方法を探している人が増えているためです。

おうち時間、コトイルが大好きなフィンランド人は、平日の夜だけではなく、週末もずっと家にいる人が少なくありません。毎日仕事で忙しくしている母の言葉を借りると家にいる日は、「今日は何もしなくてもいい！　幸せ！」という気持ちになるのだそうです。

どんな天気も服装次第

このように書いていると、フィンランド人は冬は家に閉じこもっているのでは、と思われるかもしれません。

しかし、雪が降っている日や曇りの日も「天気がいい日」です。フィンランドの保育園、幼稚園、学校では冬でも積極的に外遊びをします。そのために防水&防寒ウェアは必須です。

実はこれは子どもだけではなく、大人も同じ。「今日は天気が悪い」とは言わず、「服装次第だね」と言い合います。また、「雨が降っていても気にしないよ」という時には、「私は砂糖でできていないから問題ない」と言います。私自身は小さい時から甘党なので、溶けてしまうのではないかと心配ですが（笑）。

実は雨や雪は平気でも、私も含め多くのフィンランド人は寒がり屋です。なぜなら部屋の中や学校の廊下など室内は暖かいので、家の中の寒さには慣れていません。日本人のほうが寒さに強いのではと感じる場面が多くあります。

そして、フィンランド人は夏が大好きな人がほとんどで、日本の夏の暑さは（私だけかもしれませんが）冬の寒さよりは実は好きだったりします。夜中でも外で半袖でいられるなんて、夢の世界！　フィンランドではあり得ない贅沢に感じます。

コトイルで自分らしい時間を

夏を待ちわびている人が多いはずのフィンランドですが、知り合いに夏ではなく、フィンランドの秋が好きだという人がいます。

予想外の回答だったので「なぜ秋が好きなの？」と聞いたところ、「おうち時間が大好きだけど、短い夏に天気がいい日に家の中にいると、なんだか損している気分になりうしろめたく感じてしまう。秋になるとその気持ちを感じずに好きなだけ家にいられるのが幸せ」なのだそうです。この友人は、自分の好きなインテリアとマグカップとコーヒーと、最近は新しいサウナスツールに投資したようです。フィンランド人はコトイルが本当に好きなんだな、と思いました。

このように書いていると、「**hygge**（ヒュッゲ）」という言葉が思い浮かぶ方もいらっしゃるかもしれません。ヒュッゲとはデンマーク語で「居心地がいい時間や空間」を表す言葉です。ほっとする心地よい時間を作るため、キャンドルを灯したり、暖かいブランケットをかけてソファでくつろいだり、大きなマグカップでコーヒーを飲んだりして、毎日の豊かな時間を大切にし、その幸福をひとりかみしめたり、誰かと一緒に感じたりすること。

何だかフィンランドの「**kotoilu**（コトイル）」と同じ北欧デンマークの「**hygge**（ヒュッゲ）」には共通点がありそうです。

ヒュッゲとコトイル、大切なのは自分らしく気持ちいい時間が過ごせているかどうかですね。

実はキャンドルの一人あたりの消費量が世界トップレベルの国フィンランド。母は、忙しい一日が終わり家に帰って、自分へのお疲れ様という気持ちをこめて、キャンドルを灯すのが好きなのだそう。

日本が「衣食住」なら、フィンランドは「住食衣」

日本語にとても好きな言葉があります。それは「衣食住」という言葉です。生活を営む上でこの「衣服」「食物」「住居」の3つは重要な要素です。

もしフィンランドに「衣食住」という言葉があれば、その1番目には「衣」でも「食」でもなく、暮らし・住むことの「住」が入ると思います。つまり、**「住食衣」**となるのです。

ファッションや食に興味がないということではないのですが、フィンランドではお金と時間をかけるのはどちらかというと住むこと、家に関してです。誰かに見せるものというよりも、室内で主に自分や家族を楽しませてくれるものです。

なぜフィンランド人はそんなに家にお金をかけるかというと、価値観の問題でもありますが、家にいる時間が長いのが大きな理由になっていると思います。平日は仕事をしている時間以外はほとんど家にいるということも珍しくないので、16時間近く家で過ごすことになります。週末の場合はさらに長く、平均18時間とのアンケート結果があります。*

ちなみに、前出のコトイルにも関連しますが、家にいるのが大好きな人をよく「kotihiiri（コティヒーリ）＝おうちねずみ」と呼びますが、これはとてもポジティブな言葉です。

私は小さい時から出かけるのが好きで、今でも外食や旅行という体験、そして洋服にほとんどのお金を投資しています。フィンランドのいわゆる「普通」の大人の行動とは少し異なるのかもしれません。

インテリアとの出会いを大切に

家や暮らしに関することにお金をかけるため、「一生モノ」の家具やテキスタイルなどを購入する人が多いフィンランド。

例えば、フィンランドに住む妹が家を買った直後にテーブルを探していて、何十万円もするテーブルを買っていました。

「（家という大きな買い物をしたばかりなのに）大丈夫？」と聞くと、妹は「一生使うことが前提だから、日割り計算で考えると安くなるよ」と答えていました。

さらに別の機会に、「本当に欲しいインテリアと出会えない時はどうしますか？」とフィンランドの有名なデザイナーに聞いたところその答えは、「待ちます。もしくは親や友人など、誰かに一時的に借ります」とのことでした。**間に合わせでインテリアを買う習慣がないフィンランド人のものを大切にしたい気持ちと、合理性を**

上：一番下の妹のリビング、下：真ん中の妹のリビング。それぞれ自分の好きなデザインを探し続けていて、やっと見つかったソファ。この大好きなソファをずっと愛用する予定とのこと。

再確認できた回答でした。

高いものを買っても「万が一気分や好み、ライフスタイルが変わったらどうする？」と聞かれることもあります。もちろんフィンランド人全員ではないのですが、自分の意見や何が好きなのかについては幼いころから家や学校でもよく聞かれるため（P141参照：常に「miksi?（どうして？）」と聞かれる教育）、**自分の好みがはっきりしていて、他の人の意見を参考にするよりも自分の感覚を大切にする**ので、購入した後に後悔することは少ないようです。私も高校生の時に買ったカーテンやインテリア小物を今でも使っています。

その人らしさをつくる家

家は毎日帰る場所なので、大切にしたい。そして毎日居心地がよい環境にいることが幸せにつながると思っている人が多いと思います。

日本ではどちらかというと、家の中のことより家の外のことにお金をかける傾向があるように感じることがあります。フィンランド人は逆に家の中がちゃんとしていないと他の人からどう見られるか恥ずかしい、と思う人もいます。その気持ちを表す「**kotihäpeä**（コティハペア＝家恥」という言葉もあります。インテリアや室内の装飾にこそ、その人らしさが表れるので、他の人の家と自分の家についてどちらが素敵か競争しているという話もたまに耳にします。特に話題に上るのは、誰のサウナが一番か！

「住食衣」のフィンランドは、書店やスーパーマーケット、サービスエリアの雑誌コーナーからもよくわかります。インテリア、サマーコテージ、サウナ、レシピなど暮らしの雑誌の種類がとにかく豊富。

また、年に一度開催されるフィンランド最大のインテリア展示会「ハビターレ」は、ほとんどの人が知っている見本市。業界の人以外に一般の人、さらには子どもも参加できるので、暮らしやインテリアへの関心度の高さがわかると思います。日本で百貨店の催事を訪れる感覚に近いかもしれません。先日仕事で見本市に行ったら偶然姪っ子に遭遇しました。

また、先日5歳と2歳の姪っ子とビデオ通話をしていた時に「ラウラ見て！」と白い石を持って私に見せてくれました。その真っ白な石は何かと聞いたところ、「フィンランディアホールの石だよ」と言われて、びっ

スーパーマーケットの雑誌コーナーではインテリアやサウナ、サマーコテージや料理などの暮らしのジャンルが充実しています。

くりしました。

フィンランディアホールとは、世界で最も有名なフィンランド人建築家兼デザイナーのアルヴァ・アアルトの名作で、白い大理石の外壁で有名でした。最近その高級な外壁が張り替えられたのは聞いていましたが、まさかリニューアルオープン後に子どもが参加できるイベントを開催して、しかもその石を子どもたちに配るとは。日本の国会議事堂の外壁の石を子どもに配るようなことに近いかもしれません。**デザインはみんなのもの**というフィンランドの精神を再確認しました。

質の高いデザインと暮らしは大人だけではなく、今後の世の中を支えてくれる子どもにこそ感じてほしいと思っています。

マリメッコの花柄のデザインは部屋を明るく見せてくれます。デザインは使うことに意義があるので、子ども用のいすをおいて、小さな赤ちゃんでも大人と同じようにマリメッコのテーブルクロスで食事を楽しめるようにします。

ハビターレでは室内のインテリア、サウナ小屋の展示に加え、
子どもが楽しめる展示も。

＊Asuntosäätiö（住宅財団）の家の幸せについての調査２０２４年
https://www.asuntosaatio.fi/tiedotteet/suomalaiset-ovat-tutkitusti-kotihiiria-olemme-kotona-jopa-16-tuntia-paivassa/

Life & Work

“丁寧な暮らし”ではない

季節が変われば

インテリアの衣替え（P78）を楽しみ、フィンランドデザインを生活のいたるところに取り入れて、衣食住の中でも特に「住」に投資しているフィンランド人。「丁寧な暮らし」の代表例にも聞こえますが、実はフィンランドの暮らしは日本で聞く「丁寧な暮らし」とはほど遠いものです。

「丁寧な暮らし」は、家事や生活などに手間と時間をかけて向き合うというイメージですが、自分を含めたほとんどのフィンランド人はあまり家事に時間をかけることはありません。皆さんが思うより、ずっと時短で「手抜き」の暮らしです。

食器を手洗いするのは電気が通っていないサマーコテージでやるぐらいで、普段はすべて食器洗い機にお任せ。テーブルウェアは食器洗い機と、いつでも電子レンジにも入れられるようなもののみを使っています。

それは食事の考え方にも表れています。もちろん、子どもに連日同じご飯を食べさせる保護者は悪くないし、ワンプレートにじゃがいもとサーモンとトマトのみでも立派な夜ご飯。冷凍しておいたものを解凍するのも手作りでも、料理に3分かかっても30分かかっても1時間かかっても、すべてご馳走です。

その例としてあげたいのがワンプレートご飯です。日本では家庭でのワンプレートご飯に「手抜き」というニュアンスが含まれることがあると聞き驚いたことがあります。「ワンプレートご飯でもいいよね」と聞かれても、「ワンプレート」や「でも」の少しネガティブなニュアンス、手を抜いても悪くないよね、と確かめているような言い回しはフィンランド人には通じないと思います。日本で長く暮らしている私もその感覚は全く持ちあわせていません。

例えば冷凍のご飯より手作りの料理にこだわるとか、お花のある生活がゆとりを感じさせるとか、インテリア雑誌の中に広がる理想的な生活を送るためには、少し頑張らないといけない暮らしに感じることもあります。

解釈や捉え方にもよるかもしれませんが、「丁寧」という言葉には、どこかで誰かが設定した暗黙の基準や様式があるのでは、と感じることがあります。

時短で便利なことの意味

先日東京の家でホームパーティを開催した時に、食材をキッチンハサミ（フィンランド人がみんな使っているフィスカルス）で切っていたら日本人の友達に、「ラウラがハサミで食材を切っているのを見て安心した。私もハサミで切っているから」と言われたことがあります。

この時なぜ友人は安心したのだろうと一瞬思ったのですが、なるほど！　時短で便利なことは手抜きに見えるのか、ということに気付きました。

私自身は時短できるものは絶対に時短したほうがいいし、むしろ早くできることに時間をかけるのは時間の無駄だと考えるように育ってきたので、この発想は新鮮でした。

この時は「時短で料理をすることで、他にやりたいことに時間が使えるし、自分を大切

甥っ子のある日のランチ。時短でもおいしいひと皿の完成。ほうれん草パンケーキ、ミートボール、キュウリ、そして葡萄と牛乳です。市販のもので作った立派な、手抜きではない手抜きご飯。

にすることにもつながると思うよ」と、あまり考えずに答えました。

このように**フィンランドでは家事において「手抜き」という概念が存在しないのです。**

そして「丁寧」というより「ちょうどいい」、自分が気持ちいいと感じている暮らしを大切にしています。自分もイッタラの食器を集めたり、フィンランドの天然素材のタオルを使ったり、ゆっくりコーヒーを淹れて飲むのが大好き。このような小さな幸せを大切にしながら、毎日暮らしています。

自分にとって何が大切か

フィンランドでももちろん「普通の暮らし」の基準があって、日本と違う基準のハードルが高いと感じる時もあります。

例えば、家の広さは何平方メートルが理想だとか（東京の家の面積をみんなに教えると、「大変だね」と毎回言われます笑）、インテリア大国なので、他の人が持っている高価で素敵なインテリアをInstagramや雑誌で見ると比べてしまうこともあります。ただ、他の人が設定した「丁寧」に自分を合わせるよりも、自分が「これがいい」と思うことを実践し、その通りに暮らせばいいだけ。

実家では父がアイロンがけ担当で、家族のTシャツやワンピースだけではなく、シーツや靴下までアイロンがけをしています。また、パン作りも好きで、大切にしているパン種で作ったパンをサウナの中で発酵させて焼いて、とても「丁寧な暮らし」を送っているなと思います。でも、なぜアイロンがけをやっているかというと、(しかもずっと『となりのトトロ』の主題曲などを一人カラオケしながら)丁寧に暮らしたいという気持ちよりも、自分に向いている、自分が好きだからやっているだけです。そしてこれらの「やりたい」家事のために父が作るご飯はとにかくシンプル。

誰が家事をやるか、それにどのくらいの時間をかけるか、どこで時間を節約できて、本当にやりたいことを実現するためにどうやって時間を捻出するか、**自分にとって何が大切かを考えて行動に移すことが、フィンランド流の「自分に丁寧な暮らし」かもしれません。**

Life & Work

ホームパーティでのおもてなし

飲食店で大人数で飲んだり食べたり、いわゆる日本の「飲み会」のようなことはあまりしないのですが、ホームパーティは多いフィンランド。街のカフェに行くことも多いけど、「家にコーヒーを飲みに来ない？」と自宅にお誘いをいただくことも珍しくありません。

東京の家を片付けていたら、シャンパングラスがたくさん出てきたので、「いつ買ったんだろう？」と思い返していたら、フィンランドで一人暮らしを始めた時、ホームパーティ用の食器を買ってもらったことを思い出しました。それとお皿をサイズ違いで6人分。小さなホームパーティにぴったりな枚数。もしフィンランドに日本のような「新生活応援セット」があるとすれば、優先順位が高いのは、家でちょっとしたパーティやお茶会をするための食器たち、そしてコーヒーマシンでしょう（世界で一番コーヒーを飲む国民なので）。

フィンランドのおもてなし

フィンランドでは家に誰かを呼ぶ時にどのようなおもてなしをするかというと、少なくともコーヒーは絶対に出します。昔のフィンランドの小説にもよく描かれていますが、あまり大したご馳走がなくても、来客にコーヒーだけは淹れるのが礼儀だったようです。

さらには、クッキーを買っておいて常備するとか、コルヴァプースティ（フィンランド式シナモンロール）などをたくさん焼いて冷凍しておいて、お客様が来た時にいつでも解凍して提供できるようにしておくことが多いです。私の東京の家の冷凍庫も突然の嬉しいお客様用のお菓子やパンでパンパンです。

このような常備菓子のことを「**vierasvara**（ヴィエラスヴァラ）」と呼びます。実はフィンランドのある食品メーカーは、このようなフィンランド人の心理を知っているので、商品シリーズにして、「突然の来客のための

お客様用に父が買ったアイス。本当は自分が食べたいだけ？

おやつ」という名前で売っていたこともあります。

100人のホームパーティ

フィンランドでは大きな出来事や節目のパーティなども家で開催することが一般的です。節目となる歳の誕生日や高校の卒業パーティなどでは大人数の100人ほど招待することも珍しくありません。ケータリングが楽しめる予算がある場合はそのほうが楽ですが、私が卒業した時は家族で用意したので、大きなオーブンが何日もフル稼働。私と妹二人のパーティの経験を活かせば母がケータリング会社を作れてしまうのではないかと感謝の気持ちでいっぱいでした。この時は母が料理を担当してくれたのですが、妹の結婚式では旦那さんがウェディングケーキを焼いていました。料理は女性が担当、という役割分担はありません。

このような大掛かりなパーティでなくとも、小さなホームパーティはよく開きます。たくさんの人が来るカジュアルなホームパーティの場合は、開催者側で何かを用意することもありますが、ポットラック（持ち寄り）形式が多く、自分の食べたいもの、飲みたいものを持ってくるパターンが一般的です。開催者側の負担を少なくして、頻繁に開催できるようにするためです。

なぜ人を家に呼ぶのか

多くのフィンランド人は18歳で家を出て一人暮らしや、ルームシェア、同棲などを始めますので、友達を呼びやすい環境だというのが一つです。そして、家だとリラックスして話せる、時間を気にしなくてもい い、あまりお金がかからない、子育てしている人も来やすいなどいろいろな利点があります。そもそもフィンランドには日本ほど安くておいしい飲食店がないというのも一因かもしれません。

私は大学院時代からずっと日本に住んでいますが、家に友人を呼んで、フィンランド料理などを振る舞うのがとても好きなので、年に数回何かの会をやっています。手間暇は少しかかりますが、それでもいつも友人を呼びたくなるのはどうしてなのでしょうか。フィンランド人はおそらく日本人と同じく**おもてなしをするのが好き**で、人が喜んでくれるのがとても嬉しいからです。

調理せずに数分で食卓に出せるものもたくさん。すぐにテーブルがいっぱいに。

東と西で性格が違う？

おもてなしをして喜んでもらいたいという以外にもう一つ理由があります。それは西と東のフィンランド人の性格の違いによるものです。フィンランド人（そしてスウェーデン人とノルウェー人と他の北欧の人）はみんな同じに見えるかもしれませんが、実は出身の東西で性格がかなり違います。西フィンランドの人は少し物静かでシャイ、東の人はおしゃべりで「いつでも遊びにきてね」というオープンな人が多いように感じます。日本でも関東と関西で食文化や習慣だけでなく、コミュニケーションの違いを取り上げられることがありますよね。

例えば会話が盛り上がった時にフィンランド人同士で「親戚はみんなカレリア（東）だからしょうがないね」と冗談半分に言えば、相手がすぐに「ああ、なるほど！」と自分のしゃべりすぎをわかってくれます。そして、実は歴代大統領の出身地と性格をこの東西という軸で見てみた時に、面白いぐらいマッチしています。私はEspoo（エ

自分の好きなムーミンマグカップを選んでお茶をします。ちょっとした工夫でおもてなしに。

スポー）という首都ヘルシンキのベッドタウンのような南フィンランドの街で生まれ育ったのですが、エスポーはさまざまな地域から引っ越してきた人が作った街なので、エスポー人というアイデンティティはあまりありません。どちらかというと親の出身地や夏をずっと過ごしていたサマーコテージのある東フィンランドの方が自分の故郷のように感じています。そして私は東フィンランド人の例に違わずおしゃべりで、人をいつも家に呼ぼうとしています。

東フィンランド出身の母もその例にもれずオープンな性格で、私の日本人の友人に英語もフィンランド語もあまりできなくてもいつでも泊まりに来てもいい、と言います。しかしそれには一つ条件があり、やりたいことをはっきり伝えられる人である、ということ。フィンランド人は小さい時から「なんでもいい」という回答はなく、yesかno（joo か ei）どちらかで答えるように、自分の意見をはっきり伝えるよう教育されているので、あいまいな表現はあまり好まれません。例えばフィンランドで観光する際に「今日はここところに行きたいです」とはっきり言ってくれれば、無理なら無理と伝えるし、行けそうだったら喜んで案内してくれるはずです。**本音と建前がない人たち**です。

私自身もそうで「ぜひ遊びに来てね！」と言ったら、それは本心からの言葉です。コーヒーとヴィエラスヴァラと、季節によって変えているペーパーナプキンと一緒に待っています。

誕生日と名前の日

フィンランドでも日本のように誕生日を祝います。そして誕生日に加えてもう一つ一人ひとりを祝う大切な日があります。それは毎年誰もが迎える「名前の日」です。フィンランドのカレンダーには365日、すべての日に一つか複数の名前が書いてあります。例えば、私のファーストネーム「**Laura**（ラウラ）」の名前の日は1月18日です。名前の日は毎年同じ日に固定されていて、この日はすべての「**Laura**」を祝います。

この名前の日の起源は、元々はキリスト教の聖人カレンダーに基づくものですが、現在のカレンダーには現代のフィンランド人に多い名前も追記してあります。

ある名前が一般的になったと判断されるとカレンダーに追加されるようなのですが、どのような基準で掲載が決まるのでしょうか？　カレンダーは5年に一度見直され、同じ名前が500人以上いる場合にカレンダーに新しく掲載される仕組みです。

とはいえ、名前の日の運用は厳格なものではありません。例えば、少し珍しい名前でカレンダーに自分の名前が載っていない場合は、親がその子の名前の日を決めてあげてもいいし、自分で決めてもいいのです。誕生日のようにパスポートに記載されることではないので、難しく考える必要はありません。例えば、私のミドルネーム「**Valentina**（ヴァレンティナ）」はどこにも書いていないので、似ている「**Valentin**（ヴァレンティン・男性名）」の日に祝っています。この日は2月14日なので、バレンタインデー！　フィンランドでは「友達の日」といって友情を祝う日です。

また、7月には女性の名前しか記載されていない「女性の週間」もあります。この週に名前の日を迎える戦後間もない頃生まれた、私の親世代の女性たちは日本でいう女子会（フィンランドは女性だけの食事会をブランディングしていないので、この言葉は存在しないのですが）のように女性だけで集まってお祝いすることもあります。また今の時代には通用しない考え方ですが、女性は泣きやすいので、この週は雨の日が多いとされていました。

KOTIMAA ◀国内

Tänään ◀本日

Nimipäivät ◀名前の日

Mari, Maria, Marika, Maija, Maiju, Meeri, Riia, Maaria, Kukka-Maaria, Maikki (suom.), Maria, Marika, Maja, Maj, Marie, Mary (ruots.), Johannes, Juhani, Juha (ortod.)

新聞の「名前の日」欄。この日の名前がたくさん載っています。

このような話を祖母や母から聞くと、フィンランドもずっと前から男女平等であったわけではなく、そのような歴史を経て今があるのだ、と思います。ちなみにフィンランドはジェンダーギャップ指数*で世界第2位（2024年）になっています。

フィンランドにおける名前の日の重要性を物語っているのは、今日は誰の名前の日なのか、新聞やラジオなどで毎日紹介されていることです。ただ、誕生日ほどの重要性はないので、海外に住んでいたり、名前の日が書いてあるカレンダーを持っていなかったりすると、つい忘れてしまう時もあります。家族やフィンランドの友達からWhatsApp（海外でメジャーなLINEのようなアプリ）でお祝いのメッセージが届くと、「あ！今日だった！」と気づきます。

名前の日をどのように祝うかは地域や人にもよりますが、子どもの場合は親から小さなプレゼント（靴下など）をもらうことがあります。大人の場合は、自分のご褒美に何かを買うとか、職場や近所の人にケーキを振る舞う習慣があります。

誕生日の祝い方

日本の場合は、誕生日には誰かにお祝いしてもらったり、ケーキを買ってもらったりすることが多いと思いますが、フィンランドではその逆です。びっくりするかもしれませんが、誕生日ケーキは誕生日の人自身が用意し、みんなにご馳走するのが一般的です。

もちろん誰かに自分の誕生日を祝ってもらうのはとても嬉しいことです。でも、誕生日の人が自分で大切な人にケーキを振る舞うことのメリットもあると思います。例えば、自分の誕生日を祝いたくない時は何もしなくてもいいし、友達が少なくてケーキがもらえるかどうか心配する必要はないし、まわりの人に伝えることで必ずお祝いしてもらえるし、好きなケーキも自分で選べます。フィンランド人は**何にしても合理的**ですが、誕生日の祝い方もそのひとつのあらわれです。

特にフィンランドは子どもの時や、30歳、40歳など節目の年齢になった時に家で誕生日パーティを開くことが多いのですが、この時は日本と同じように参加者が誕生日の人にプレゼントをあげる習慣があります。

1 | 2

1／奥はクラウドベリーのレアチーズケーキ、手前は食事系のサンドイッチケーキ。誕生日の日は手作りケーキでお祝い。
2／名前の日は冷凍ケーキで簡単に祝うのがちょうどいい。

ただ、ここで損する人がいます。年間行事でもっとも重要な日、クリスマスイブやクリスマスに生まれた人は、誕生日プレゼントとクリスマスプレゼントをもらえるタイミングが一緒になってしまうので、他の人のように年に2回プレゼントをもらえる楽しみはありません。

また、フィンランド人は夏は都心部を離れてサマーコテージや祖父母の家に行っていることが多いので、夏休みの6月、7月に生まれた子どもは、誕生日パーティが開催できないか、声をかけても友達が誰も来ないということになってしまいます。私は7月13日生まれなので、誕生日がお正月にかぶる日本人の気持ちに勝手に共感しています（笑）。それでも母はいつも7月が旬の苺のショートケーキを作ってくれて、それがとても嬉しかったことを覚えています。

そういえば、フィンランドでは誕生日を迎えた人のことを「**päivänsankari**（パイヴァンサンカリ）」、この日のヒーローと呼びますよ。

＊世界経済フォーラム（WEF）が定めた男女間の政治・経済・教育・健康における平等を評価し、男女の格差を数値化したもの。

フィンランドと日本の手土産文化

日本で暮らしていると、日本はギフト大国だと感じる場面が数多くあります。お中元、お歳暮などの季節の贈答品などに加えて、身近な人へのお裾分けなど。さらには、デパ地下に並ぶ箱入りの手土産の多さにはいつも驚いています。そしてそんな日本の手土産文化と少し似た習慣がフィンランドにもあるのです。

フィンランドでは、手ぶらで誰かの家に遊びに行くのはあまり好まれないため何かちょっとしたもの、例えばコーヒー、クッキー、チョコレートなどを持っていくことが多いです。

友人のサマーコテージにお世話になる時ももちろん手土産を用意しますし、子どもの時に友達の家に泊まりに行った時にも毎回親にフルーツなどを持たせられた記憶があります。

手土産にはどんなものが？

こういったギフト需要はフィンランドの企業も熟知しているので、手土産用に開発しているテーブルウェアやカトラリー、タオルやペーパーナプキン、キャンドル、ジャムや紅茶などの商品がたくさん販売されています。このようなアソートセットを相手に差し上げることもあります。

夏になるとスーパーマーケットのクッキーコーナーには数種類のクッキーが入っている袋が「夏のお楽しみ袋」のような商品名でたくさん並んでいます。手土産にぴったりです。

「ホームパーティでのおもてなし」でも紹介した急なお客様用に常備しているおやつに加え、プレゼントもいろいろ常備しておくのが一般的です。これを「**varalahja**（ヴァララフヤ）」と呼びます。私のヴァララフヤ箱には北欧柄のペーパーナプキンや小さなタオル、そしてチョコレートやコーヒーが入っています。誰かに会う時にその日が相手の誕生日だとわかった時に渡すとか、ほんの気持ちだけフィンランドの何かを渡したい時などにとても便利です。

もう一つの共通点は、ラッピングペーパーを丁寧にはがすことです。プレゼントはもらった時にその場で開けるのが礼儀なのですが、相手の前で包装紙を破ると失礼に思われてしまいます（子どもはきれいに開けられないからもちろん例外です）。また、包装紙を再利用することもあるので、なるべくきれいにテープをはがします。

子どもの時のクリスマスの思い出は、最初はツリーのまわりにプレゼントが山積みになっていて、そしてプレゼントを開けた後には、きれいに畳んだ山積みの包装紙だけ残るというbefore/afterの光景です。

手土産の品については日本との違いもあります。例えば、生ものや、賞味期限が当日のものは渡さないというのが一般的です。相手がいつ食べたいかわからないので、すぐ食べないといけないものだと相手のことをあまり考えていない印象につながるのと、アレルギーなどへの配慮が重要とされているため、生のケーキなどをプレゼントするのは少しリスクがあります。

日本では食べ物の新鮮さが高く評価されたり、旬を大事にしたりするなどその時一番おいしいものをプレゼントしたい、という気持ちが働いているようですが、フィンランド人はそれにあまりこだわっておらず、それより

クリスマスツリーの下にはサンタクロースからのプレゼントがたくさん！モミの木はおじいちゃんと一緒にサマーコテージの島で切ってきて、妹と一緒に飾ったもの。

相手が好きな時に楽しめる合理性が重要視されている気がします。

ただ、手作りのお菓子やおかず、ごはんなどが手土産に適していない訳ではありません。例えば、共働きが基本のフィンランドでは、子育てで毎日忙しい人の家に行く時には、(相手の食事制限などへの配慮があれば) 食事になるものを持参すると喜ばれます。ずっと自分と子どもの食事を作っている親は、誰か他の人が作ってくれたご飯を食べたい、食事作りを休みたいという気持ちもあるのです。

14歳の時のプレゼント

話は変わって、フィンランド人が食器をたくさん持っている背景にもこのような手土産文化と、フィンランド特有の面白い習慣が関係しています。多くのフィンランド人は14歳の時に教会やその他の団体が開催するキャンプに参加して、親と離れて1週間程度過ごし、その後に家でパーティーを開きます。この時に主に親戚など親しい大人が招待されるですが、招待状を送るタイミングでプレゼントの希望を聞かれます。そこで自分の好きなブランドの食器シリーズをお伝えすることが多いのです。

この習慣にはメリットしかありません。プレゼントを買う方は、何をあげたらいいか迷う必要がなく、自分の予算に合うように、コップ1個、お皿4枚、ピッチャーなどを買っていけばよいからです。また、もらった人は自分の好みに合うプレゼントである上、18歳で家を出る時には必要な食器のシリーズが完成する可能性が高いので、自分で買わなくても済みます。一石二鳥のとても合理的な習慣です。もちろんプレゼントは必ず食器である必要はなく、手ぶらでなければ他のプレゼントでもまったく問題はありません。

しかもフィンランド人の合理的な習慣はこれだけでは終わりません。万が一いただいたプレゼントが重なった場合には、プレゼントをくれた人のどちらかにレシートをもらえば、自分でお店で交換することもできるのです。理由を伝えて気を悪くする人はいないし、同じものを複数もらってもスペースを取ることにしかならないので、合理的でいいこと尽くめです。

手土産を楽しむために

手土産を買う時に、自分も一緒にちょっと食べたいから、これを買って持っていこうかなと思うことがたまにありますよね。フィンランドではこのように自分にも利益があるかたちで相手へ利益を与えることを「**Oma lehmä ojassa**」、直訳して「自分の牛が溝にいる」といいます。とても便利なことわざなので、日本に来て同じような表現が日本語にないかとずっといろいろな人に聞き続けました。そしてこの表現に一番近いことわざに出会うことができました。

　来日して10年経ったある日に、お世話になっている方からのメールに「我田引水」という四字熟語が書いてありました。すぐにウェブで検索し、その熟語の意味を知り、これだ！　と思いました。この時10年探し続けていた表現がやっと見つかりました。しかも、農耕文化のフィンランドでは牛、稲作文化の日本では田んぼ、という文化の違いがそれぞれの〝らしさ〟を物語っていてとても気に入っています。

　フィンランド人の家に遊びに行く時、日本の手土産を持っていくと喜ばれると思いますが、フィンランドのスイーツが食べたい！と思ったら、コーヒーやフィンランド式シナモンロールのコルヴァプースティはみんな大好きなので「自分の牛が溝にいる」のもいいと思いますよ。

1｜2
1／Pentik（ペンティック）のインテリアショップ。
2／シロップやジャムなど手土産用の食品が並んでいます。キッチンタオルやペーパーナプキンとセットにして立派な手土産の完成。

Life & Work

フィンランドのサウナは赤ちゃんから入れる？

私は **生後10か月でサウナデビュー**をしました。ただ、これは珍しいことではなく、ほとんどのフィンランド人は生後6か月から1歳ぐらいにはサウナに入っていると思います。

「**sauna**（サウナ）」という言葉は世界でもっとも知られているフィンランド語で、発音はフィンランドでも日本語と同じ「サウナ」です。

フィンランドの人口は約556万人で北海道の人口より少し多いくらいですが、**サウナはなんと300万個から350万個もある**といわれています。300万個以上というのは、フィンランド人が一斉にサウナに入れる数。さらには、3人で2つのサウナが使えるという計算になります。

なぜこれだけサウナが多いのかというと、フィンランドのサウナは日本のお風呂のような存在だからです。すべての家に自宅サウナがあるといってもよいでしょう。加えて、サマーコテージや公衆サウナ、国会議事堂、企業のオフィス、観覧車にまでサウナがついているところもあります。さらには、氷で作ったサウナや、ボートでサウナを楽しむフローティングサウナまで！　フィンランド人がいるところにはサウナが絶対にあるといっても過言ではありません。

フィンランド人のサウナ好きは、サウナに入るイベントやサウナ関連の一般名詞の多さにも表れています。例えば家族や大切な人と入る伝統行事クリスマスサウナ、一年でもっとも日が長くなる夏至を祝う夏至サウナ、結婚する前に仲間と一緒に祝うブライダルサウナ、同僚など仲間とランニングした後に入るジョギングサウナなど、伝統的な行事やイベントにちなんだ数々の名称があります。さらには、サウナビール、サウナソーセージ、サウナで横になる時に使うサウナピローなど、サウナ関連の商品も豊富にあります。

サウナの入り方

サウナには、型にはまった正しい入り方はありません。あるのは自分が気持ちいいと感じる入り方だけです。それは日本でお風呂に入る感覚と近いのではないでしょうか。日本人は小さい時からお風呂に入っているので、何度のお湯に何分入るのがいいなど一人ひとりそれぞれ基準があると思います。フィンランド人も同じく、何度で何分サウナに入るのがいいといったいわゆる正しい基準にそって入るのではなく、好きなように、**それぞれ自分のペースで出入りしている**と思います。

　公衆サウナにおいて心がけることとしては、サウナに入る前にかけ湯をする、強い香りの香水を避ける、適宜水分補給を行うなどといった、日本の銭湯や温泉に入る時のマナーとの共通点も多いと思います。

　そしてサウナの中では自分の体形を気にする必要はありません。フィンランド人は小さい

1／サマーコテージのシンプルな薪ストーブサウナ。シャワーはなし。
2／生後10か月で初めて入ったサウナ。

時からサウナに入る時は人の顔以外の体を見ない、どのようなコメントが相手に対して失礼かなどを親から教わっていますので、そのマナーに反した人は、退出を促されるような雰囲気になります。サウナは誰にとっても心地よい空間であるべきだ、という考えが根付いています。

また、サウナの後に水風呂に入るという文化は元々なかったので、サウナと冷たい水がセットという考え方はなく、特に自宅サウナに一人で入る場合は、サウナとシャワーだけが一般的です。ちなみに、フィンランド人の家にはサウナとシャワーはついていますが、日本の住宅にあるような浴槽はよっぽど経済的に豊かな家でないとありません。ただ、バルコニーがついている家が多いため、サウナの後はバルコニーでドリンク片手に外気浴を楽しむ人も多いです。そして、もしサウナの近くに湖や海があればワンランク上のサウナ体験になることに多くのフィンランド人が同意すると思います。

サウナは家の「心」

家の建物が「体」なら、サウナは家の「心」のようなもので、自分で家を建てる時にサウナを先に建てることも珍しくありません。サウナは、体が洗えるだけではなく、ストーブの上でソーセージを焼いたり、常温の状態にしてキノコを干したり、パンを発酵させたりとちょっとした調理が可能な場所です。冬は暖房代わりにもなって、そして着替え室があれば寝ることもできますので、時間をかけて少しずつ家を建てる時に先にサウナを造ると無敵です。

フィンランド式サウナの伝統は2020年に国連教育科学文化機関・ユネスコの無形文化遺産にも登録されました。サウナという施設そのものではなく、国や法律がなかった時代からずっとサウナを大切にしてきたという歴史、そして今も入り続けているという、生きている伝統が評価され、無形文化遺産での登録となったのです。

日本でも20世紀中頃までは自宅出産が一般的であったと思いますが、19~20世紀初期のフィンランドでは、サウナは清潔な場所なので（もちろん火を入れていない状態ですが）そこで出産をしたり、亡くなった人のご遺体を清めたりすることもあり、生きるための心のよりどころのような役割も果たしていました。

ロウリュの練習をしている姪っ子（当時2歳）。親とサウナに入るのが好きで、「どんな入り方が好き？」と聞くと自分のスタイルがわかっていて、ちゃんと答えてくれます。

フィンランド式サウナとは？

なぜサウナは、熱い空間であるにもかかわらず、老若男女が楽しめるのか。実はフィンランドのサウナはドライで熱すぎることもないからです。

フィンランド式サウナの定義として、サウナヒーターで熱した石の上に水をかけて水蒸気を発生させるという「**löyly**（ロウリュ）」ができることが条件としてあげられます。このロウリュができないとサウナではなく、ただの熱い部屋になってしまうため、とても重要です。実はフィンランドではサウナ室のことを「**löylyhuone**（ロウリュフオネ）＝ロウリュ室」と呼ぶことも一般的です。

フィンランド式サウナには吸気や排気ができる換気口がついていて、そして、「ロウリュをかける」より**「ロウリュを浴びる」ことが大切です。**酸素をたくさん含んだフレッシュエアーが室内に入り、適度なスチームが常に循環しています。このロウリュを浴びれば、年齢にかかわらず何分でもおしゃべりしながら入れます。細かいことを書き始めたらそれだけでも本になりそうなのでここでは割愛しますが、サウナは苦手、息苦しい…という人でも、フィンランドに行ってフィンランド式サウナを体験してからサウナにハマる人が多いです。

私が思う理想的なサウナの入り方は、自然豊かなところでサウナの後に湖か海で泳ぎ、ベランダや庭で外気浴をする、これをゆっくり誰かと会話を楽しみながらくりかえすと、フィンランド式サウナのよさを最大限感じられると考えます。そしてサウナ後にフィンランドのサーモンスープやベリージュースが楽しめると最高です。

フィンランド人は元々自分の庭に建てたサウナ小屋を使い、その後都市化とともに銭湯のような公衆サウナが普及しはじめました。近年は都市部でもマンションの共用サウナや電気ストーブでロウリュができる自宅サウナが増えたことで、公衆サウナが減り続けていました。これは日本の銭湯の減少と同じようなことが起きて

サウナヒーターで熱せられた石に水をかけると高温の水蒸気が立ち上り、吸気口から入った新鮮な空気を含んだ心地よいロウリュが広がります。

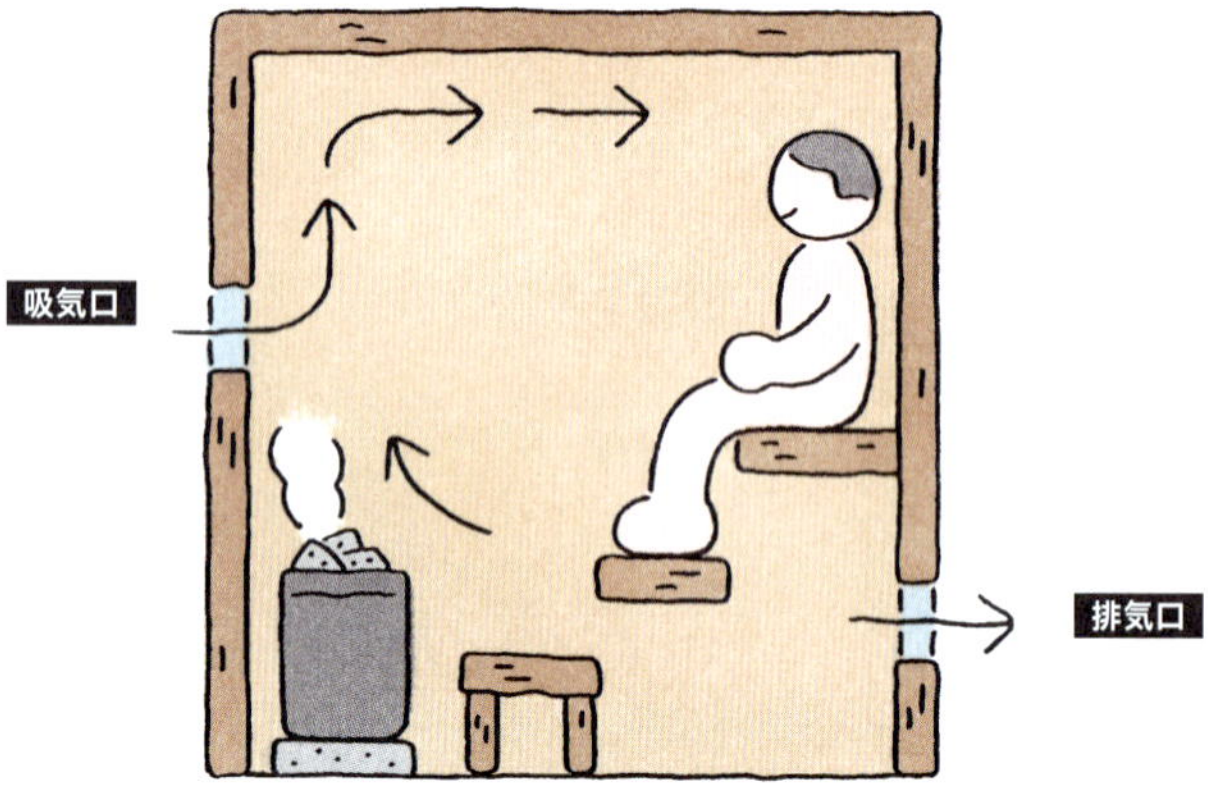

全身にロウリュが行き渡るよう足先がサウナストーブより高くなるようにベンチの高さを設定します。これを「ロウリュの法則」と呼びます。

いるのかもしれません。

しかし、時代と人のニーズが変わり、人と会う機会が少なかったコロナ禍を経て、人との交流の場所がほしいという空気が生まれ、近年はレストラン付きの公衆サウナ、「サウナレストラン」が盛り上がっています。サウナに入った後においしいご飯を食べたりドリンクを飲んだりできるのが人気でフィンランド全国にできつつあります。

サウナは小さな社会

サウナに入ると、その場がフィンランドの社会のミニチュアであるようにも感じます。木造のシンプルな建築、時代にとらわれないデザインは自然との共存を感じられるだけではなく、**平等な空間であることも実感できます。**サウナに入れば、名刺交換はしないし、肩書や役割分担も忘れます。隣が大統領だったとしても、サウナに入っている人はみんな一緒、「サウナに入っている人」というだけです。

サウナはコミュニケーションツール

サウナがもしフィンランドの社会を凝縮した空間であるとすると、一つだけこの考え方に当てはまらないことがあります。それはコミュニケーションの取り方です。フィンランド人はシャイで無口な人が多いので、基本的には道で知らない人に話しかけたり、電車が空いている時には知らない人の隣に座ったりしないのですが、サウナの中だと裸にかかわらず先客の隣に座って初めて会った人とも積極的に会話を楽しむことができ、シャイな性格が洋服と一緒にどこかに飛んで行ってしまうのではないかとすら感じます。これだけ自宅のサウナが普及していても、あえて公衆サウナに入りたい理由はここにあるのではないかと思います。**サウナはフィンランド人にとってコミュニケーションツールなのです。**

普段は話しにくいことでもサウナの中だと話しやすくなることから家族やパートナーと大切な会話をしたり、サウナセラピーも行われています。セラピーは特に自分の気持ちをなかなか人に話しづらいフィンランド人男性に好評なようです。

サウナの効果は人それぞれだと思いますが、スマホやラップトップを忘れて、情報や文字などの刺激の少ない空間で汗をかいて、心身をリセットすると、不思議なぐらい生まれ変わったような気持ちになれます。サウナあがりにおいしいご飯を食べられたなら、そのおいしさの相乗効果で、妹の言葉を借りれば「まるでミニホリデー！」

Life & Work

コーヒーブレイク

フィンランド人の一人当たりのコーヒーの消費量は何年も1位です。*1 仕事や長い作業の合間に「コーヒーブレイク」という短い休憩をとる習慣が根づいていることがその理由の一つかもしれません。

日本の場合は、労働基準法で休憩時間が定められていると思いますが、フィンランドでは、お昼休憩とは別の小休憩「コーヒーブレイク」を取る権利が保証されています。このコーヒーブレイクは、「**kahvitauko**（カハヴィタウコ）＝コーヒーブレイク、休憩」と呼ばれます。

例えば、1日の労働時間が6時間以下の場合は、食事休憩はなく、コーヒーブレイクだけ1回10分から15分程度、6時間以上の場合、30分の昼休憩とコーヒーブレイクも1回、そして労働時間が8時間以上の場合30分の昼休憩とコーヒーブレイクは2回などと法律で決められています。そしてこの時間は、もちろんコーヒーを必ず飲まないといけないわけではないので、紅茶でも、お水でも、何も飲まなくても、休憩を取る権利は変わりません。ただ昔からフィンランドではコーヒーが愛されてきたということもあり、コーヒーブレイクと呼ばれています。

さて、なぜフィンランドではコーヒーブレイクの時間を大切にしているのでしょうか。ほとんどの会社には「コーヒールーム」と呼ばれる、コーヒーブレイクを取るための部屋があります。数十年前までの設計だとキッチンのような部屋にテーブルや椅子がおいてある割と小さめの部屋が一般的でしたが、近年はどの方向からも入りやすいオープンスペースで、ハイテーブルなどで立ち話ができるスペースが増えている印象があります。

コーヒーブレイクがイノベーションにつながる？

仕事とプライベートが同じぐらい重要とされているフィンランドでは、勤務時間外に行う日本の飲み会のような文化はなく、仕事が終わったらすぐに帰る人が多いので、コミュニケーションを他のかたちで取ることになりますが、そのツールがこのコーヒーブレイクです。家族がいる人でも夜に学校に通いたい人でも、仕事の合間にコミュニケーションを取っていれば、仕事の後の時間をフルで活用できます。

そしてコーヒーブレイクにはもう一つの大きなメリットがあります。コーヒールームに行った時にたまたまそこに来ていた普段会わない同僚や、他部署の人などとアジェンダのない会話に花を咲かせると、新しいアイデアが思い浮かんだり、さまざまな協力が生まれたり、**イノベーションにつながる**という研究結果さえあります。[*2]

1／明るく開放的なコーヒールーム。
2／コーヒールームの充実度が職場の満足度につながるかも。

コーヒーブレイクはコミュニケーションツール

もちろん仕事の時間以外にも、フィンランド人はコーヒーをたくさん飲みます。コーヒー大国というお国柄を物語る言葉はサウナと同じように数えきれないほど。

例えば、日本で「お茶をする」と言いますが、フィンランドでは「コーヒーする」（**käydä kahvilla**または**kahvitella**）と言います。そして、誕生日祝いのコーヒー、投票後のコーヒー、スポーツなどでフィンランドのチームや選手がメダルを獲得した祝いのコーヒー、卒業祝いのコーヒー、モーニングコーヒーなどといったコーヒーにまつわる言葉がたくさんあり、何かがあったらとりあえずみんなでコーヒーを飲もう！ となります。

このように、コーヒーブレイクやコーヒーをきっかけに人が集まることはフィンランド文化に深く根付いていますが、おそらくこの「人が集まる」ことがポイントだと思います。少しシャイなフィンランド人にとって、**コーヒーはコミュニケーションツールです**（P50で紹介したように、もう一つはサウナです）。

フィンランド人は特に知らない人に話しかけるのはとても苦手で、そしてスモールトーク、いわゆる世間話は得意ではないのですが、コーヒーを飲みながらなら問題ないのです。

日本でもスウェーデン語の「**fika**（フィーカ）」という言葉を近年耳にします。フィーカとは家族や友人、職場の仲間と交流しながらコーヒーと一緒に甘いお菓子を楽しむ時間のことですが、このフィーカをフィンランド語では「**pullakahvit**（プッラカハヴィ）」と呼びます。シナモンロールなどプッラ（P107参照）とコーヒーを誰かと一緒に楽しむことを意味する言葉です。

日本人はイベント化がとても上手で、海外のカフェ文化を積極的に取り入れる風土もあるので、近年日本では問題になっている、若い人の選挙の投票率を楽しくおいしく上げるツールとして「投票後のコーヒー」を楽しむフィンランドの習慣を取り入れたら面白いのではと思っています。

＊1　フィンランドの国営放送「Yle（ウレ）」／2023年10月29日掲載
https://yle.fi/a/74-20055812

＊2　Pajuoja, Maria (2022) From mechanistic measuring to up-to-date understanding: Problematising the study of innovative work behaviour.

フィンランド人の第二のリビングルーム的存在、老舗の食品メーカー「Fazer（ファッツェル）」のカフェ、コーヒーはお代わり自由なので会話が進みます。

Life & Work

休むことも大切なサイクル

フィンランド人に6月末か7月ぐらいにメールをすると、このような自動返信メールが返ってくることは珍しくありません。「8月10日まで休暇です」。
フィンランドでは、1年の中で日照時間がもっとも長い6月下旬の夏至の日を思いっきり祝った後に夏休みに入ることが一般的で3週間程度、さらには1か月以上の休暇を取る人もいます。そして、この自動返信メールに「申し訳ございません」や「休暇をいただく」という言葉は見当たりません。なぜなら、**休暇は申し訳ないことでもなければ、頭をさげて誰かに許可をいただくものでもないからです。**

仕事も休暇も大切に

長い人生を送るためには、仕事の他にも、家族、趣味などどれもが大切なことで、生活と仕事の質を維持するために休暇を取ることは重要だと考えられています。

休暇に対する考え方は日本では仕事におけるお昼休みを想像するとわかりやすいと思います。例えば12時前後に「お昼を食べに行きます」ということは、頼みづらいことでも謝ることでもないかと思いますが、フィンランドにおける休暇の取得は同じような感覚です。ちなみに、休暇申請する時には理由が要りません。「休んでいいですか？」の一言で十分です。その理由を問われることはありません。

では、なぜ3週間以上の休暇がよいとされているのでしょうか。休暇に入ってからの1週目はなんとなく仕事のことを考えてしまいますが、2週目はだいぶ休みモードになり、心身ともにリラックスします。そして休暇が3週間、4週間と続くと、もういい、仕事に戻りたい！　という気持ちが生まれてくる人が多いので、いざ仕事に復帰したら、効率やパフォーマンスがとてもよくて、休暇が仕事にいい影響を与えます。充分な休暇を取った社員は再び真面目に仕事に励みます。

休暇をどのように過ごすのか

では、フィンランド人は夏休みのような長い休暇の時に何をするのか。一番フィンランドらしい夏休みの過ごし方はサマーコテージで過ごすことです。サマーコテージとは、その名の通りに、夏の時期を過ごすコテージのことですが、多くの場合、日本でいうセカンドハウスや別荘とはだいぶ違う生活スタイルです。

例えば、私の祖父母のサマーコテージはサイマー湖というフィンランド最大の湖の小さな島にあって、建物はすべて自分たちで建てていました。そして私が小さかったころは電気も水道も、もちろんインターネットもなく、都市の生活からはかけ離れており、かなり不便を感じる環境でした。シャワーもないので、サウナの後は湖で体を洗います。

サマーコテージでは朝起きて、朝ごはんを作って食べて食器洗いをして、お昼も夜もこのルーティンを繰り返します。その合間に庭の仕事や日曜大工をしたり、ハンモックで読書(私はずっとムーミンの漫画を読んでいました)をしたり、サウナに入った後湖で泳いだり。シンプルなルーティンの日々にほっとします。退屈したら近くの村へボートで行って、アイスを買って食べて戻る……といった生活です。

サマーコテージはホテルと違って身の回りのことを全部自分たちでやらなくてはならないのですが、**自然の中であえて少し不便な日々を送る**ことがポイントかもしれません。**生活の原点に戻って、心に余白ができて、何が重要かに気づくことにつながります。**

長期休暇を前提としたスケジュール

社員みんなが3週間以上も休んでいたら仕事が回らなくなるのでは、と思われるかもしれませんが会社が困ることはありません。なぜならフィンランドにおいて長期休暇を取得する制度は今から50年以上も前の1970年代からあるもので、社員の長期休暇取得を前提としたスケジュールが組まれているからです。

例えば夏休み時期の数か月前には希望の日程を調整し合い、それを上司や総務部などが、社員がみんな交代で休めるようにスケジュールを組んで、仕事の引継ぎも丁寧に行い、パソコンを開かなくとも、業務に

祖父母のサマーコテージ。建物はすべて自分たちで建てていました。

さほど支障なく休めるような体制をとります。社会人としての基礎スキルの一つで先を読む力があるかと思いますが、休みが長いというのを考慮して、そこから逆算して仕事を進めればいいだけです。

一般的には、6月下旬から8月中旬ぐらいまでのどこかで夏休みを取得し、そしてクリスマスとその後に数日間の冬休みを取得します。これ以外には、例えば2月には学校のスキー休みがありますが、日本のようなゴールデンウィークやシルバーウィークなどはなく、国が定めた祝日も実は少ないので、好きな時に有給休暇を取って休むようになっています。**休暇は管理職も取る**上に、しかも「今日から旅行に行くのが楽しみ！」といったように堂々と休暇をアピールするのも普通なので、**部下も休みやすい環境**です。そして夏の休暇の醍醐味、サマーコテージライフをほとんどの人が同じように経験します。そのため、フィンランドのCEOたちは

サマーコテージの庭で遊ぶ姪っ子。何もないからこそ想像力は生まれる。

ICTスキルがトップクラスというだけではなく、サバイバルナイフ一本で生きていける人もいるという特徴があります。もちろん経営者の中には365日24時間休みなく、スタンバイの人もいますが、休むのが申し訳ないと思っている人はいないし、その発想すらないと思います。

しかし一人当たりのGDP（国内総生産）は日本の1.5倍と、幸福と経済が両立していることがわかります。また、ウェルビーイングを感じている、幸福度が高い人材がいると（そうでない社員と比べて）、創造性は3倍、生産性は31％、売上は37％高い上に、欠勤率が41％、離職率が59％低く、業務上の事故が70％少ないことが明らかになっています。*

人生は会社のためのものではないし、休暇を取るのは仕事のパフォーマンスを上げるために取るものでもなく自分のためのものですが、**社員のウェルビーイングを大切にする企業こそが将来成功する確率を上げられる**と思っていいでしょう。

新卒採用のないフィンランド

企業の長期休暇の取得は、実は学生にとってもとても嬉しいことです。

フィンランドにおける就職活動は日本と異なり、年度中に卒業する学生を募集する、いわゆる「新卒採用」のような採用制度がないため、フィンランドの学生の多くは、大学院もしくは専門職大学院（ほとんどのフィンランド人は院まで勉強します）を出た後にすでに社会経験のある人たちと中途採用というルートで戦うことになります。

そのため、大学時代の休暇にただ休んでいる学生はおらず、自分が将来なりたい職業のスキルが身に付けられそうなアルバイトをします（もちろん純粋にお金を貯めたいという目的のアルバイトも）。私の場合は、マリメッコの店員として日本人の接客、ヘルシンキの公式ガイドとして観光案内、日本人専用旅行代理店での仕事やフィンランドデザインを日本で広めるプロジェクトの通訳などを経験しました。その経験が今の自分の仕事につながっています。

そういえば、フィンランドには仕事を早く終わらせて家に帰ることにつながる素敵なことわざがあります。

それは「**ei työ tekemällä lopu**」（仕事はしても終わらない）です。仕事で切りのいいところは一生来ないから、切りの悪いところでも帰りましょうね。

＊Lifehacker Japan：「幸せな社員は創造性が3倍、生産性は31%、売上は37%高い」
https://www.lifehacker.jp/article/245162great_place_to_work/

Chapter 2

Design

Design

デザインはみんなのもの

「**北欧デザイン**」という言葉を聞いたことはありますか？　北欧フィンランドというとアートよりデザインというイメージをもっている方も多いのではないかと思います。

フィンランドはデザイン大国で、イッタラ、アラビア、アルテックなどのブランド、そして、鮮やかな色のプリント柄で知られるマリメッコは日本のみならず全世界的に有名なデザインハウスです。さらには、フィンランドのフラッグ・キャリア*であるフィンエアーの機内に乗り込むと青と白のフィンランドらしいシンプルなデザインや、長距離フライトではマリメッコとのコラボで素敵な空間が広がり、デザインの国に向かっていることが実感できます。

フィンランドが、今のように豊かな暮らしができる国になったのは比較的最近のことなので、日常的に使える、実用的なものを作ってきた歴史があります。人々の生活を快適に豊かにしてくれるものづくりが盛んで、今もその伝統が続いています。

フィンランド人の家にいくと、びっくりするぐらいフィンランドのデザイン一色です。イッタラやアラビアのテーブルウェア、ペンティックのクッションカバーやペーパーナプキン、フィンレイソンのタオル、着ている服や持っているバッグはマリメッコ……というような使い分けが一般的です。祖母と私もまるで歩くマリメッコの広告というぐらいマリメッコを愛用しています。

フィンランドブランドへの愛

フィンランド以外の国で暮らし始めて気づいたのは、フィンランドでは国内ブランドの人気が非常に高いということ。特にテーブルウェアに関しては、イッタラとアラビア、ペンティックとマリメッコ以外の食器を買うという発想はないぐらい。以前友達がこの4社以外の器を買おうとした時に

マリメッコのファッションショーが開催されるエスプラナーディ公園の銅像の前にはマリメッコの人気パターン「ウニッコ」の花を使った大きなオブジェ。

「なんで?!」と、一瞬裏切りものみたいに感じてしまったほど。でも、冷静になって考えると、この生粋のフィンランドブランド愛は面白いな、と笑ってしまいました。

ただフィンランドブランドへの愛があるといっても、「ブランド」だから選んでいるという意識はあまりないと思います。例えば、父が毎日使っているイッタラのマグは「デザイン性に優れているコーヒーカップだから選んでいる」とは思っていなくて、いつものカップで普通にコーヒーを飲んでいる感覚だと思います。使いやすさや耐久性、フィンランド人好みのシンプルなデザインなどを大切にしているのだと思います。

フィンランドデザインを一言でいうと、**特別な日のためのものではなく、毎日を特別にしてくれるデザインだと思っています。**毎日に小さな幸せをもたらしてくれるみんなのためのデザインなのです。

夏の風物詩はファッションショー

フィンランドでは、「デザインはみんなのもの」という精神を味わえる日があります。それは毎年恒例の5月に開催されるマリメッコの日です。

この日は、ヘルシンキに細長く伸びるエスプラナーディ公園がマリメッコのランウェイに生まれ変わり、個性豊かなモデルたちがマリメッコらしいカラフルな洋服を披露してくれます。他のファッションブランドのショーと違って、観客として招待されるのはすべての人です。日本人もフィンランド人もどんな人でも平等に参加できます。

2024年のショーは、マリメッコの人気パターン「ウニッコ」の60周年ということもあって、ヘルシンキの街全体がまるでマリメッコタウンになっていました。大きな花のランウェイ、至るところに飾られたポスターや広告、マリメッコで配っていたアイスクリームを食べている人や、この日を楽しみにしていた参加者の全身マリメッコという姿。普段とてもシャイで無口なフィンランド人ですが、この日は不思議な一体感を感じているよ

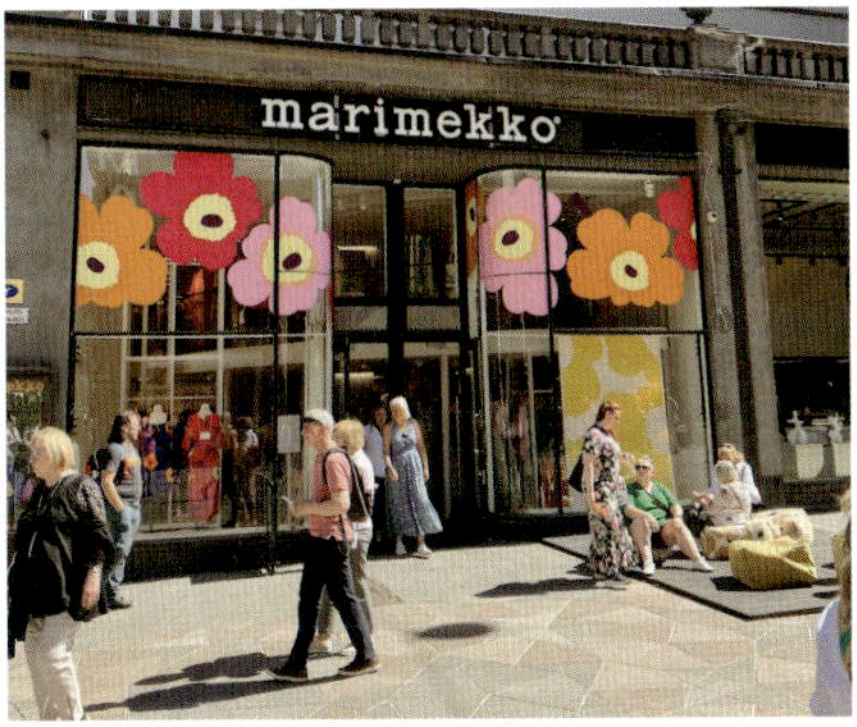

1／ヘルシンキ地下鉄の広告はこの日だけみんなマリメッコで、まるでマリメッコ駅になったかのように華やか。
2／マリメッコの路面店のディスプレイ。

うで、自分と同じようにマリメッコを着ている人たちにも声をかけられました。

　この日ヘルシンキ中央駅付近で歩いていた時に、中学生ぐらいの男の子3人がスケートボードをしながらこんな会話をしていました。

「ね、ね、今日はマリメッコのファッションショーだよね、16時のショーに間に合うよね？」

　こんなにひとつのブランドで盛り上がる国は他にあるだろうか、と感じる出来事でした。

　このマリメッコのファッションショーは、長い冬が終わって、「やっと夏だ！　最高！」という気持ちをあらわしたような夏到来の風物詩です。しかもこのファッションショーの日は、20年以上快晴だとか。まるでマリメッコマジック！

　冬が長く、夏がとても短くて儚い存在だからこそ、夏をみんなで一緒に祝えることにとても幸せを感じます。

夏の風物詩マリメッコのファッションショー。太陽も一緒に喜んでいるようにこの日も快晴！

天気がよくて、人とのつながりを感じられて、おいしいアイスもあって。それが、幸福度ランキング世界一の国、フィンランドの一つの幸せのあり方かと思います。

＊その国を代表する航空会社。

Design

インテリアの衣替え

フィンランド人は、季節によって部屋のインテリアを替えています。家具など大きなものはそのままですが、カーテンやテーブルクロス、クッションカバーなど、テキスタイルを季節の景色に合わせ楽しんでいます。

日本で古くから行われている「洋服の衣替え」になぞらえて、「インテリアの衣替え」と（勝手に）呼んでいる習慣です。

時代の流れでインテリアの衣替えをしている人は減っている印象ですが、現在でもふたりにひとりは季節によってカーテンを替えているようです*。

では、なぜこのように季節によってインテリアを替えるのでしょうか。フィンランドは一年を通して気温や日照時間の変化が大きいため、冬には厚いカーテンで寒さを防ぎ、夏には白夜でも寝られる遮光カーテンという実用的なアイテムが必要だという側面もあります。

もちろん、気分転換のためということもありますが、常に自然と一緒に生きているという感覚を持つフィンランド人は、**インテリアも窓の外に広がっている景色や季節に合わせたい気持ちが強い**のだと思います。

インテリアの衣替えのタイミング

さて、このインテリアの衣替えを実際にいつどのようにするのでしょうか。人にもよるのですが、私の母は四季に合わせて年に4回行っています。主にリビングやキッチンのカーテン、クッションカバー、テーブルクロス、そして寝室のシーツ。シーツはフィンランドではインテリア扱いなのです。

また、テーブルウェアと一緒に並べるペーパーナプキンは食事やお茶をする時によく使われていて、もちろん季節に合わせたデザインを選びます。中学校の家庭科の授業では男女問わずそのたたみ方を習います。

よくよく考えれば、フィンランド人は家の「中」と「外」をあまり分けて考えないのかもしれません。窓が大きく、リビングとテラスが一体になっている家もあれば、夏はご飯を外で食べたり、サマーコテージにいる時は調理や食器洗いも外というのは珍しくないのです。

そのような自然とともに生きるライフスタイルだけあって、外の景色と室内のインテリアが合うように衣替えをするのは自然な流れだと感じています。

フィンランド人がインテリアにこだわるのは、単純に家にいる時間が長いということはもちろんですが、自己表現としての一面もあると思います。どんな洋服を着るか、どんな車を持っているかなどという選択と同じように、どんな家に住むか、そのインテリアはどんなものなのか。外から見えるものよりも、自分だけの世界を大事にできるインテリアを大切にする人が多いかもしれません。

そして、意外なところでは、サウナのテキスタイルを季節によって替える人もいます。サウナは日本でいうお風呂のような存在なので、都心部の場合は小屋ではなく、キッチンやリビング、寝室と同じように部屋を構成するひとつになっています。それもあって、他の部屋と同様に、サウナシートやサウナピロー（サウナで横になる時に使う枕）などのテキスタイルを替える楽しむ人がいます。

余談ですが、フィンランドのサウナにはカーテンが付いていることも珍しくありません。あまりにも普通のことなので、考えたこともなかったのですが、先日実家に招いた日本人の

フィンランドの実家では夏と冬でインテリアの色味を変えています。
窓から見える庭の自然ともよくマッチしていることがわかるかと思います。
使っていない季節のテキスタイルは翌年まで大事にしまっておくか、誰かに譲って新しいのを買うことも。

友達に言われて、「確かにカーテンがあった！」と気づきました。

季節に合わせた暮らしの工夫

さて、私自身はインテリアの衣替えをしているかというと、季節感をあまり問わない白いインテリアが好きなので、クッションカバーだけは秋冬はウール、春夏はリネンとコットンに、ペーパーナプキンの柄も季節に合わせるなど、母から教わった習慣をほどほどに、自分らしく実践しています。

ただ慣れとはおもしろいもので冬らしいパターンのキッチンタオルを夏に使うと、本当は大したことではないのに、例えるならおせち料理を真夏に食べるような感覚になることもあるのです。

＊フィンランドの日刊誌 Ilta Sanomat
https://www.is.fi/asuminen/art-2000006230485.html（オンラインフリマtori.fiの調査２０１９）

Design

自然からのインスピレーションをデザインに

フィンランドのデザインといえば、マリメッコの花柄などカラフルなパターンや、アルテックの木製のスツールなど、花や木のイメージが強いかもしれません。デザインのモチーフは自然にインスピレーションを得たものが多く、素材もスチールやプラスチックより木やリネンなど天然素材が使用されることが多いです。また、形も自然にあるような有機的なフォルムが生かされています。

フィンランドは「森と湖の国」だとよくいわれますが、その名のとおり国土面積の約75％は森、10％は湖沼や河川です。首都のヘルシンキ中央駅の裏には大きな公園と湾が広がり、自然と人が共存する街だと実感できます。

フィンランド人にとって、自然は友達のような身近な存在。今も昔もそこからインスピレーションを受けるのは自然なことでした。

1 | 2
3

1／湖や溶けた氷をイメージしたといわれるアアルトベース（諸説あるそうです）。**2**／アルテックの有機的なフォルムが美しい木製のスツール60が並ぶ。**3**／マリメッコのカラフルなパターン生地。

パターンに込めた思い

日本でよく知られているフィンランドのデザインはカラフルなパターンや花柄の印象も強いと思いますが、それは夏への特別な思いをカラフルなパターンに込めるデザイナーが多いからだと思います。そして、夏だけではなく、**春夏秋冬と、自然と一緒に生きながら創造力を発揮する**ので、季節のモチーフが描かれることが多くなります。これはもちろんフィンランドに限ったことではなく、日本の着物などのテキスタイルにも大きく大胆な花柄が数多く見られます。着物の柄に用いる花で季節を表し意味を込めてきた日本だからこそ、フィンランドのデザインが日本でここまで人気を博したのかもしれません。

パターンの中でも特に人気が高いのはマリメッコの有名なパターン、フィンランド語でケシの花を意味する「**Unikko**（ウニッコ）」です。このようにモチーフがはっきりしているパター

ヘルシンキの中央駅の裏の公園。

ンもありますが、意外と多いのは、実在する花を参考にしたわけではなくて、例えばクリスマス／夏などを花のイメージに昇華させたパターンです。

フィンランド人は自然が大好きですが、創造力を活かしたデザインも好きなので、具象的なパターンもあれば、抽象的な柄も多いのです。

限られた資源の国で

自然が感じられるデザインが普及した社会的な背景にはもう一つ理由があります。フィンランドは現在では豊かな国の一つとして挙げられることが多いですが、実は資源が限られた国でもあります[*]。

家具にスチール（鋼）を使用することが流行した1920〜30年代、フィンランドでは、スチール市場はあまり発展していませんでした。当時この素材はフィンランドを代表する建築家・デザイナーである、アルヴァ・アアルトでさえも手に入れられなかったそうで、海外から輸入すると商品の価格が高くなってしまうため木材を使ったほうが現実的でした。

そこで、アアルトは森林が豊富なフィンランドで手に入れられる木材を使い、世界的に有名になったスツール60の美しい脚の曲線を作り出す技術を開発しました。

先日、仕事で通訳をしたフィンランドの建築家と日本人クライアントの会話で、とても印象的なやりとりがありました。

クライアントから「フィンランドの建築は資材代がかさみ、高額になるのではないか」と聞かれた時、建築家は「フィンランドの建築は高くならない」と答えました。なぜかというと、昔から使うことができた素材は「木」と「自然光」。それを基調とした建築なので、高額な資材が要らないのがフィンランドの建築の特長です。確かに、アルヴァ・アアルトも木材と自然光をうまく取り入れたデザインで世界的に知られています。

日本では箱庭や盆栽、茶室といった、限られた空間を活かし美しく見せる文化があり、ディテールにこだわるセンスが磨かれてきたかと思いますが、フィンランドでも同じように、限りあるものをいかに美しく活かすかという視点からデザインが生まれています。

このように**環境や気候があっての文化の発展**を、フィンランドのデザインからも垣間見ることができます。

＊2023年（IMF統計）をもとに算出。

実家の近くにあるヌークシオ国立公園のサウナに向かっていた時に、朝8時に見た、とてもフィンランドらしく、自分らしく感じた景色。この時の気持ちを表す言葉が「sielunmaisema（シエルンマイセマ）」です。これは、フィンランド語で「魂の風景」という意味のフィンランド特有の言葉です。誰かにとって深い個人的な意味を持つ場所、その人の感情、記憶、アイデンティティに結びついた場所、幸せや安らぎ、つながりを感じる場所や環境を指します。物理的な場所である場合もあれば、心の状態を象徴的に表す場合もあります。この写真の風景は、私、そして多くのフィンランド人にとってシエルンマイセマです。

Chapter 3

Nature & Food

Nature & Food

18万9000もの湖があるフィンランド

日本のように高い山はなく、森と湖が広がるフィンランド。

私の実家は2006年に公開された日本映画『かもめ食堂』のロケ地にもなったヌークシオ国立公園の近くにありますが、このあたりは「これぞフィンランドだ！」というような森と湖の景色が広がっています。私にとって**森は古くからの友達のような存在**で、大事な場所です。

森と湖にかこまれて

森の良さはどのようなところでしょうか。見慣れた景色

ヌークシオ国立公園の風景。何回来ても飽きない景色。

だからほっとするとか、空気がきれいで香りもよく、ストレスが緩和し集中力が上がるなどの研究結果もあるようです。[*] しかし、私にとってそれより重要なのは、森は自分に何も求めてこないことです。普段、私たちは仕事やプライベートでは誰かに何かを期待されたり、質問されたり、締め切りに追われたり、いろんな場面でたくさんのタスクを抱えていますが、森は自分に何も求めてこないので森に入ればただいるだけでも十分な安らぎを得られます。フィンランドの家族や友達と幸せについて話していると、**「森」、フィンランド語で「metsä（メッツァ）」にいる時が一番幸せだと答える人が多いです。**

ただフィンランド人の「森愛」には一つ問題点があります。森を含めた自然が好きなあまり、フィンランドについてのプレゼン資料を作る時は、どうしても自然の写真が多くなりがちです。それもあってか、フィンランドには都会がないのではというイメージもあるようですが、ご心配なく。首都ヘルシンキ中心部はハイキングウェアではなく、普通に街で暮らす服装を準備すれば問題ありません。

フィンランド人の森と湖に対する意識は言葉にも表れています。フィンランドには、日本語の「木」にあたる言葉に、少なくとも3つの翻訳語があります。大きなもみの木などの木＝「**puu**（プー）」、黒すぐりや紫陽花の大きさの木＝「**pensas**（ペンサス）」、そしてビルベリーやリンゴンベリーなどの花ぐらいの高さの木＝「**varpu**（ヴァルプ）」があります。

また、森を使ったことわざもあります。例えば、「日頃の行い」はフィンランド語で「**niin metsä vastaa kuin sinne huudetaan**」＝「森に呼びかけたことはそのまま返ってくる」。他にも「失敗した」ことは「**meni metsään**」＝「森に行ってしまった」、と言います。

湖についても同じです。湖もとても身近な存在で、日常会話によく登場します。例えば「問題が起きた」ことをフィンランド語で「**joutua pulaan**」と言いますが、これは「雪で覆われた湖の穴に落ちてしまった」、という意味です。（この**pula**はとても古いフィンランド語なので、語源に気付いているフィンランド人は少ないと思いますが。）

18万9000もの湖、そして塩分が少なく湖のようなバルト海はフィンランド人にとって交通手段にもなります。私の家のサマーコテージは島にありますので、夏の間はモーターボートか手漕ぎボート、冬の間は凍った湖の氷の上を車で走ることもできます。実は氷が十分に分厚くなる時期は一時的に島へのアクセスがとっても便利になります。なぜなら普段通れない湖や海が凍って近道ができ、その上を歩いたり、自転車で走ったり時には車でも通れるようになるからです。

自然の恵みを享受する権利

さらに、フィンランドに住めば、ベリーやきのこを買う必要はありません。なぜなら**自然の恵みはみんなのものという考え方やそれに基づいた「自然享受権」という権利**が保障されているからです。たとえ、誰かが所有している森や自然であっても、そこに自由に入って散歩して、ベリー摘みやきのこ狩りをすることができます。それは、フィンランド人であっても日本人であっても関係ありません。人と人の相互信頼度がとても高い国なので、自然をみんなでシェアして楽しもうね、という考え方です。

余談ですが、自然享受権という言葉は2023年まで「**jokamiehenoikeudet**」と表記されていました。これには「**mies**=男性（語尾変化でmiesがmiehenになる）」と

ヘルシンキの中心部に冬にだけできる近道。

いう言葉が含まれていたことから、「jokaisenoikeudet」へと変更されることになり「すべての人の権利」というより平等な言葉になりました。

たくさんのおいしいものが隠れている森は、自然のスーパーマーケットのような存在で、フィンランド料理にも大きな影響を与えてきました。

夏から秋にかけてベリーやきのこをたくさん摘んで、そのまま食べたり、冷凍したり。きのこは乾燥させて、塩漬けにしておいて、長い冬の間の栄養にします。ベリーや、りんごもたくさん採れますので、専用の冷凍庫と冷蔵庫を買ったぐらいです。

また、春にはもみの木の新芽や白樺の樹液を取って、シロップや飲み物にしたり、最近はもみの木の新芽を使ったアイスクリーム、ノンアルコールやスパークリングワインのような炭酸飲料なども見かけます。そして、キシリトールもフィンランドが発祥の白樺の繊維からとれるもので、白樺糖とも言われています。

1／母が森で見つけたきのこたち。
2／もみの木の新芽は栄養抜群。

フィンランドでは、遊歩道がない森を散歩することや、ビルベリーの葉かリンゴンベリーの葉かを見分けること、たき火を作ることなどは、大人の基礎知識になっています。フィンランド人同士で、たき火に着火剤を使うのはかなり恥ずかしいことで、「まさか火おこしができないの……?」という雰囲気になってしまうこともあります。

自然とともに生きるということ

自然とフィンランド人の関係を物語るエピソードがあります。それは、ヘルシンキ市の公式ガイドをしていた時の研修でのことです。

外国人観光客に「自然を体験できるところを教えてください」と聞かれた時に、フィンランド人が気軽に行くような国立公園を案内してしまうと観光客にはチャレンジングかもしれないので、市内の美しい公園を案内する

1｜2

1／季節はずれだったのに見つけたリンゴンベリー。
2／サマーコテージでは調理と食器洗いも屋外ですることが多いです。

べきかもしれない、その人の靴を見て判断するのが適切だ、と言われたことがあります。

このようにフィンランドにおける自然との共存は、観光や消費行動としてのアウトドアとは少し趣きが異なると思っています。例えば自然に出かけてアクティビティをして家に帰る、という一方的なものではなく、**自然と一緒に生きる、自然との対話**のようなものだと思います。

1／防水・防寒ウェアを着用して外遊び。2／サマーコテージのシャワーは目の前の湖。

＊Aivoliitto（フィンランド脳協会）
https://www.aivoliitto.fi/aivoterveys/mieli/metsa-rauhoittaa-stressaantuneet-aivot

Nature & Food

フィンランドの「一汁三菜」、「lautasmalli《ラウタスマッリ》」

フィンランドの主食は何ですか？　と聞かれることがあります。

「フィンランドには主食がないのです」と回答すると、「パンですか？　じゃがいもですか？」と、具体的な食材をあげて質問されることもありますが、私が質問の意図を理解していなかったわけではなく、フィンランドの食事では和食における白米のような主食という考え方がないので答えに困ります。

確かにヨーロッパには古くからじゃがいもをメインの食事の付け合わせとして食べる習慣があり、昔のフィンランドでもじゃがいもがよく食卓に並びました。年配の方の中には、毎食じゃがいもを食べたいという人もいるようですが、小学校から高校まで学校給食ではじゃがいもが並ぶことが多いので、(個人的な意見ですが) もう一生見たくないほど食べました。

しかし、じゃがいもは主食というよりも、パスタやお米などの穀物と並ぶ炭水化物という感覚です。パンは、朝ごはんや三時の間食でも食べますし、スープランチの付け合わせとなります。北欧の食事としてよく紹介されるオープンサンドは、おしゃれなカフェご飯や外食で楽しむものですし、またホットドッグはアメリカ発祥といわれ、サービスエリアなどで安く買えるB級グルメとして親しまれています。

フィンランドの食事の考え方

フィンランドでは主食や副菜という考え方の代わりに、「lautasmalli（ラウタスマッリ）」、直訳すると「プレートモデル」という理想的な食事のモデルプレートに基づいて食べることを勧められます。ワンプレートにのせるものをモデルのように構成すると健康的である、と小さい時から食育で徹底して教えられる食事法です（下図）。

具体的には、プレートの半分が野菜、1/4は炭水化物、そして1/4はタンパク質という構成です。足りなければライ麦パンや、日によってはデザートも追加します。

飲み物は水、牛乳、オーツドリンク、オーツミルクがポピュラー

野菜はサラダや温野菜、タンパク質はサーモン、ミートボール、チキンなど、そして炭水化物という日本でいう主食の部分は、ゆでじゃがいも、パスタ、お米など日によって変わります。ベジタリアン用、年配の方や子ども用など、様々なモデルプレートがあります。

この日本の「一汁三菜」に少し似ている食べ方は、比較的新しい考え方で、元々スウェーデンで導入された後、フィンランドでも採用されました。しかし歴史の長さより面白いのは、どれだけ実際に人々に意識されているかということです。

今は笑い話にしていますが、知り合いのフィンランド人男性が初めて日本に来てくれた時、お店選びに少し苦労しました。普通だったら寿司や蕎麦など日本らしいものが喜ばれると思うのですが、時差ボケもあるのか、初めての料理にチャレンジするより、いつも食べている食事のほうが安心だったようです。たとえ日本食の店であってもやっぱりサラダが食べたい

おばあちゃんの家でラウタスマッリ通りの昼ご飯。サラダ、きのこ、サーモンのオーブン焼き、人参を混ぜたマッシュポテト。食器はイッタラ、テーブルクロスはフィンレイソン。

といい、プレートモデルのような食事が食べられないと気が済まないような様子でした。

ちなみに、フィンランドは日本のように1日3食と三時のおやつではなく、1日5食と言われます。しかし5食といっても朝ごはんと夜ごはんは日本より軽めな印象で、その代わりに午後と寝る前にパンやヨーグルトなどの軽食を食べる人が多いです。

夜ごはん「**iltaruoka**（イルタルオカ）」は、「**ruoka**（ルオカ）」というごはんを意味する言葉がつきますが、それに対して、朝ごはん、間食、寝る前に食べるもののことをそれぞれごはんではなく、「**aamupala**（アームパラ）」、「**välipala**（ヴァリパラ）」、そして「**iltapala**（イルタパラ）」と呼び、この「**pala**」は「一部」や「ひと切れ」というような意味で、量が少ないという印象を与えます。

もちろんフィンランド人全員がこの理想的な食べ方を毎日実践している訳ではないのですが、この食事モデルが深く浸透していることを物語っているのは、フィンラン

家族と一緒に休日の朝ごはん。パンはお父さんの手づくり。

ド人の自分の食事に対するブラックユーモアです。例えば、サウナの後ケチャップをたっぷり付けたソーセージの写真をSNSにアップした時は、「半分トマトだから野菜たっぷり。プレートモデル通りの規則正しい食事」などというジョークをコメントしたり。そんな様子からも垣間見えるのではないでしょうか。

Nature & Food

おいしいフィンランド料理

代表的な

フィンランド料理として、思い浮かぶものはありますか？　おそらくなかなか浮かばないのではないでしょうか。それもそのはず、フィンランド人がまったく発信していないからです。

実際にフィンランドに行けば、おいしくて、日本ではあまり知られていないものがたくさんあります。そしてとてもうれしいことに、最近フィンランドに仕事や旅行で行った日本人から「食事が全部おいしかった」とよく言われます。ここでは特にフィンランドらしさが感じられ、日本人好みの食べものを紹介したいと思います。

フィンランドのおにぎり？　カルヤランピーラッカ

まずは、フィンランドのおにぎり的存在の「**karjalanpiirakka**（カルヤランピーラッカ）」。

ライ麦粉で作った薄く伸ばした餃子の皮のような生地の中に、ミルク粥を包んで焼いて、皮の表面に溶かしバターを軽く塗ったパンです。おにぎり的存在と勝手に呼んでいるのは、庶民的な食べものとして広く愛されていて、食べた時にほっとするなど日本のおにぎりとの共通点が多いからです。

カルヤランピーラッカは、カルヤラン＝カレリア地方の、ピーラッカ＝パイという意味で、元々フィンランド東部のカレリア地方が発祥の食べものです。しかし、第二次世界大戦中のロシアによる侵攻により、カレリア地方の多くがうばわれてしまいました。その後カレリアの人たちがフィンランド全土に移住してきたことからこの料理が広がり、今ではフィンランド人が大好きな国民食になりました。

カルヤランピーラッカをおにぎりに例えましたが、おにぎりと卵サンドの組み合わせと言ってもいいかもしれません。なぜなら、カルヤランピーラッカの上に卵とバターをまぜたムナボイ（エッグバター）をの

おばあちゃんといつもの南カレリアのカフェでカルヤランピーラッカとムナボイ(エッグバター)。

せて食べるのが一般的だからです。

フィンランドのソウルフード・ロヒケイット

二つ目に紹介したいのは、フィンランドのソウルフードともいえる「**lohikeitto**（ロヒケイット）」、サーモンスープです。サーモン、じゃがいも、人参などを入れたクリーミーなスープに、フレッシュなディルをたっぷりかけたほっとする味わいのスープです。フィンランドでは定番の万能ハーブ、ディルは追いディルをするぐらいがちょうどいいです。

私は家でロヒケイットをよく作りますが、店で食べると店ごとのこだわりが異なるのが面白いところです。加工なしの生サーモンを使ったり、スモークしたものを入れたり、新じゃがを使ったり、最後の仕上げに目の前でスープをかけてくれるパフォーマンスをしてくれるお店もあります。

サーモンスープの付け合わせとしてはライ麦パンが人気です。100%ライ麦のサワードウブレッドですが、数年前に行われたフィンランドの国民食を決めるアンケート調査では、ライ麦パンが断突トップになりました。老若男女に愛されている存在です*。

これは、海外に住んでいるフィンランド人あるあるなのですが、ヘルシンキ空港でこのラ

どれも今すぐ食べたくなるおいしそうなロヒイケットの数々。

イ麦パンを大量に買って冷凍保存しておいて、一枚一枚大切に食べます。少しだけトーストしてバターを塗れば、最高に幸せな味がします。日本人に人気なのは、シロップが入っているほんのり甘くてしっとりしている黒パン「**saaristolaisleipä**（サーリストライスレイパ）」。以前、日本のテレビ番組に出演した際に、撮影スタッフがフィンランドで仕事に行った時大量のサーリストライスレイパをお土産にしたと聞きました。

焼きたては格別！ コルヴァプースティ

他にも、フィンランドのソウルフードというと、甘い誘惑の「**korvapuusti**（コルヴァプースティ）」、フィンランド式シナモンロールです。日本で販売されているシナモンロールのほとんどは、フィンランド人からするとアメリカ式で、シナモン風味で砂糖のアイシングがアクセントのたて巻きのお菓子パンです。これに対してフィンランド式というのは、粗びきの香ばしいカルダモンやシナモンパウダーがたっぷり入った、横巻きのスパイシーな菓子パンです。焼きたてのコルヴァプースティは、す

ぐに食べずにはいられないくらいよい香りがしてコーヒーとの相性が抜群です。

このコルヴァプースティは、フィンランドでは「**pulla**（プッラ）」というジャンルの一種類です。プッラとは、粗びきカルダモンをたっぷり入れたイーストで膨らませた生地で作るものを指します。例えば、コルヴァプースティの他にも、ビルベリージャムや砂糖とバターを混ぜたものを真ん中に入れたプッラや、三つ編みにしたプッラも。ちなみに、プッラはパンでもケーキでも焼き菓子でもなく、プッラというジャンルになりますが、パンの仲間に近いと思います。

近年大注目、オートミール

次に、日本ではあまり人気がないフィンランドの国民食を紹介します。それは、オートミールです。近年は健

1／今まで食べた中で一番おいしかったコルヴァプースティ。フィスカルス村のカフェにて。2／ヘルシンキの有名な、フィンランド式シナモンロール、コルヴァプースティ。香りもよく見ても食べても幸せ。

康志向の高まりにより、日本でもメジャーな食べものになってきたと思いますが、実はフィンランドはオートミールの原料・オーツ麦の一人当たりの消費量が世界一で、輸出量も世界第二位。日本でも知らないところでグラノーラなどに入っているフィンランドのオーツ麦を食べている可能性が高いです。

フィンランド人は小さい時からオートミールを食べて育ちます。給食にも出るし、ランチや寝る前の軽めのご飯に食べることもあります。そのまま食べる人はあまりおらず、ベリースープやシナモンシュガーをかけたり、真ん中にバターを少しのせて食べるのが一般的です。ダイエット食でも何かの代替食でもなく、おいしくて健康にいいものとして楽しまれています。

私は大のオートミール好きなので、フィンランドのホテルのオートミールランキン

ホテルの朝食。オートミールが大好きすぎて、普通のオートミールと、ビルベリー味の生オートミールを同じ器に入れて、苺ジャムとナッツをトッピングにしてみました。もちろんお代わりもしました（笑）。

グを作って、伝統的なオートミールと火を使わずに作る生オートミール（オーバーナイトオーツ）がおいしいホテルに泊まるようにしています。

　ここまで紹介した食べものは茶色なものばかりで一見地味な食べ物に見えるかもしれません。でも問題はありません。なぜなら、季節に合わせたカラフルなペーパーナプキンやフィンランドデザインの器を使えば、気分があがること間違いなしです。フィンランド人は料理の写真をあまり撮らないことが多いのですが、キレイなテーブルウェアとおいしいご飯は毎日の小さな幸せにつながります。

1／フィンランドのコンビニにあるオートミールコーナー。2／フィンランドのスーパーのオートミールコーナー、充実しています。3／大好きなシナモンロール味のオートミール。

1／各メーカーのロンケロたち。サウナあがりに飲むお酒といえばこれ。2／スーパーマーケットのロンケロの棚。

オリンピック開催を機に生まれたお酒・ロンケロ

最後に、サウナあがりの小さな幸せといえばこれ！　というドリンク、「ロンケロ」を紹介します。

ロンケロは1952年に開催されたヘルシンキオリンピックのために開発されたフィンラ

ンド発祥のお酒です。戦後間もない時期にヘルシンキでの開催となったことで、オリンピックのために、たくさんの観光客が来てくれても、「一人一人にカクテルは作れない！」「お酒が足りなくなったらどうしよう？」とバーテンダーたちが頭を悩ませていたところ、「カクテルを缶に入れてしまおう！」と考えた人がいて、その時生まれたのがジンベースの酎ハイのようなロンケロ。今も愛されているお酒です。

フィンランドは、エンジニア大国でモノづくりは得意ですが、積極的に自国の文化の発信することには少し苦手意識があるのか、フィンランドの食文化は日本ではあまり広まっていないのが現状です。しかし、味付けなど日本人好みのものも多いので、ポテンシャルはあるのではないかと思っています。フィンランドに旅行や出張する時にはぜひ食べてみてね！

＊フィンランド食文化振興財団ＥＬＯ、フィンランド農林業生産者連盟ＭＴＫ、農林省と共同で行った全国食品投票（２０１７発表）
https://www.sttinfo.fi/tiedote/56022769/suomen-kansallisruoka-on-ruisleipa

フィンランドの資源：森と水と、そして人。

Chapter 4

Well-being

Well-being

人が資源

森と湖の国

のフィンランドは、木材、合板、製紙、パルプ生産などの林業が盛んです。そして飲料水の品質がもっとも優れている国のひとつでもあります。水道水も日本と近い軟水でとてもおいしく飲めます。また、銅、ニッケルなどのさまざまな金属のビジネスはまだ小さいですが、今後の成長が期待されています。

しかし、これ以外に資源といえるものがほとんどないのも事実です。

一人ひとりの生活を支える

そのため、フィンランドでは昔から**「人が資源」であると考えて、人に投資してきました。**フィンランドでは赤ちゃんが生まれると、洋服など育児に必要なものが揃っている育児パッケージがもらえます。この育児パッケージの内容は国民のニーズをヒアリングして時代の変化とともに毎年改良され、親の年収にかかわらずみんな一律に同じものが送られてきます。これは親の経済力に左右されず、**すべての子どもが生まれた時に同じスタート地点から、平等に人生をスタートできるようにする**ための取り組みです。

また、子どもが17歳になるまで毎月子ども手当がもらえるだけではなく、学校教育は大学までの学費が無償です。小中高校は学費だけではなく、教科書や給食もすべて無償です。大学は学食での昼食代や教科書だけ自分で払います。私が通っていた中学校では、家庭の事情で遠足などの行事の交通費が払えない場合には、先生に相談すればこっそり渡してくれました。

私は三姉妹で、私はヘルシンキ大学、妹は医学部、もう一人はアアルト大学というヘルシンキ大学のように有名な大学を出ていますので、日本でこの話をするとエリートに聞こえるらしいです。でも両親は大学を出ていませんし、お金に困っている訳でもなければ、たくさんある訳でもないというところです。このようなフィンランドの教育は、チャンスの平等に

洋服やおもちゃなどが入った育児パッケージ。

つながる、落ちこぼれを作らせない、そして卒業した後も継続的に学び続けられるための教育です。**教育の目的は、学力や成績をあげることではなく、豊かな人生を送ることです。**

どの大学も学費がかからないので、どのような人生にするかは自分の頑張り次第です。そして万が一ちょっと失敗しても、人生はそんなもんだよね、と思っている人が多く、やり直しがききますので、また頑張れば大丈夫です。

医療に関しても一緒で基本的には無償で治療を受けることができます。妹は二人とも医療費が高い持病持ち、私も歯並びが悪すぎてずっと頭痛持ちでしたが、妹の治療も私の歯の矯正も国が医療費を肩代わりしてくれたので、自分で払ったのは治療が終わった後のメンテナンスのためのデンタルクリニックの費用だけです。

このように福祉の権利を享受できていると、そのような権利を享受できない国に住んだ時のショックが大きく、フィンランドの生活がどれだけ安心だったか初めて気づく人もいます。

市民のための街づくり

ここまではフィンランドの社会福祉制度をご紹介しましたが、もちろん時代によっては福祉サービスが変更されたり、手当が削られることもあります。ただ、人生にはさまざまなライフステージがあります。子どもや学生はもちろん、仕事を失った際など自分で稼げない時には堂々と手当を受けていい、という根底にある考え方は変わりません。

そのような権利を享受できる一方、稼げるようになったら税金をたくさん払う義務は生じます。フィンランド社会の根底にある考え方として、**強い者をより強く、ということではなく、弱い者をより強くするように社会ができています。**学校教育で落ちこぼれを作らせないのもこの考え方が背景にあります。

このような福祉制度以外にも、みんなのためにという考え方はフィンランドの街づくりやデザインでも感じ取れると思います。

例えば、ヘルシンキ中央駅の裏にある、ヘルシンキ中央図書館の「**Oodi**（オーディ）」。フィンランド独立100周年記念に、行政から市民へのプレゼントとして建てられた

1 | 2 1／ヘルシンキ中央図書館「Oodi（オーディ）」の外観。2／「Oodi（オーディ）」の3階に広がるテラス。

図書館です。本が無料で借りられるのはもちろんですが、それ以外にもミシン、3Dプリンター、プログラミングや編集ができるパソコン、キッチン、子どもの遊び場など、すべて無料で使用できます。

有名な建築事務所が設計したオーディは、図書館全体がひとつのオープンスペースのようになっていて広々とした階段や各所に置かれたソファでくつろぐこともでき、子どもから大人まですべての人のためのリビングルームのような存在です。テラスはとても広々としていて、きれいな空気を吸いながら休憩やお茶、ノマドワークもできます。

そしてこの図書館が市民のための場所ということを物語っているのは、3階のテラスとその高さです。オーディのテラスは対面にある国会議事堂と同じ高さに設計されているので、テラスのデッキチェアに座って国会議事堂を見上げることなく、まっすぐに眺めることができます。これは、この国のみんなが平等であることと、市民は政治家をしっかり監視しているという民主主義を表現しているデザインにもなっています。

人を資源として考える、もう一つの理由

フィンランドは、冬は厳しい寒さと暗い日々が続きます。人口も少なく特に昔はまわりの

人々と協力しなくてはどうにもならない状況に数多く直面したのではないかと思います。また、西からも東からも攻められた歴史を経て、互いに助け合おうとする精神が生まれたのではないかと考えます。この「**talkoot**（タルコー）」と呼ばれる精神は、現在も様々な生活の場面に表れています。

例えば冬になる前に同じエリアに住んでいる人たちと力を合わせて落ち葉を拾って、共用部の庭の冬支度をすることもあります。その後一緒にバーベキューでソーセージを焼いたり、サウナに入ったりします。完全にボランティアの活動ですが、みんなのためになるからと参加する人が多いです。先日妹をお茶（フィンランドだからコーヒー）に誘ったら、「ごめん、タルコーに参加するからまた今度」と言われました。若干面倒だと思っていても、みんなのためだと思っている人が多いと思います。

このような助け合いの精神がフィンランド人の社会福祉の整備に直結していると簡単には結び付けられないほど複雑な歴史がありますが、それでも人々が生きやすい社会にしたいという国民性は感じます。**自分も相手も大切にする、それが「人が資源」という考えにつながっているのではないでしょうか。**

Well-being

毎日の小さな幸せを何層にも重ねる

フィンランドに行くと、意外とみんな笑顔がないな、と感じるかもしれません。冬が長くて寒いからか、無表情で無口な人が多いので、嬉しいのか悲しいのかよくわからないこともあります。一見して、少し不機嫌そうな人も多いです。でも世界幸福度ランキングでは8年連続世界一です。なぜでしょう？

フィンランドが世界幸福度ランキングで1位になった時に、小さい時から何でもとりあえず疑問に思うように育ってきたからか、私のまわりでは「そのランキングは間違っているのではないか」というリアクションも多かったです。

フィンランド人のフィンランド人像

フィンランド人自身がもつ「フィンランド人像」というのは、シャイでたくさんしゃべらない、マイナーコードの音楽を聴いていて（ヘヴィ・メタル・バンドの数は人口一人あたり世界一＊！）、他のヨーロッパ諸国の人と比べるとちょっと変わりものの森の国の人、といったところでしょうか。知らない人にハグすることはないし、フランス人やイタリア人のようにほっぺたにキスをするあいさつなんかちょっと恥ずかしいし、アメリカ人のように「cool!（＝すごい！）」などと大きなリアクションをとることもできず、そして何に関しても真面目です。その「フィンランド人像」と世界幸福度ランキングが1位だったことがあまりにもかみ合わないので、本当かなと思った人が多かったようです。

フィンランド人の幸福感

しかし、笑顔が少なくても、幸福は感じられます。なぜならフィンランドでは、幸福と一時的な喜び、楽しさは別なことである、と考えるからです。

フィンランド語では継続的に心の中にある「幸福」と、笑顔にあらわれるような瞬間的な心の動き「喜び、楽しさ」は、それぞれ異なるフィンランド語です。幸福は「**onni**（オンニ）」、そして喜び、楽しさは「**ilo**（イロ）」です。そしてこの世界幸福度ランキングが「**ilo**」かどうかのランキングだと勘違いしている人もいたようです。

フィンランド人は、毎日笑顔で世界一ハッピーな人たちではないと思います。でも、心の中でいつも静かに幸福を感じているのかもしれません。

フィンランド人に「何に幸せを感じている？」と聞くと、驚くような答えは返ってきません。「家族」「自然」「安心」など予想と違わぬ言葉が並びます。「こんなつまらない答えでごめんね」と謝る人すらいます。

例えば世界一周旅行ができたり、高級なディナーに行く機会があったら、その時の一瞬の喜びは大きいと思います。しかし、それに対して、太陽が出ていて、コーヒーがおいしくて、大切な人がそばにいて、今日も明日もきっと大丈夫だと思えるような毎日の小さな幸せの積み重ねこそが、大きな、持続的な幸せにつながる、フィンランド人の幸福感だと思っています。

フィンランドは冬に行くと少し辛い時もあります。太陽がなかなか出てこなくて、みぞれや雪が降っている時もあって、防寒着を着ていないと外に出ることもできず、子どもにこれを着させるのもひと苦労。世界的にも有名になったフィンランドの困難を乗り越える頑張る力「**sisu**（シス）」（P131参照）という言葉からもわかるように、小さなことで文句を言わないのが良しとされている国です。毎日太陽が出るのも当たり前ではないので、そのことに幸せを感じます。**シンプル・イズ・ベストな幸せです。**

1
2 | 3

1／外でコーヒーが飲める幸せを感じられる屋外のカフェ。マーケット広場でコーヒーを飲みながらの打ち合わせは珍しくありません。夏が短いのでここぞとばかりに楽しみたいもの。**2**／テーブルの花がマリメッコのテーブルクロスに映えます。**3**／外でアイスが食べられるのは夏限定の幸せ。

私は心理学の専門家ではないのですが、長く日本に住んでいるフィンランド人としてフィンランドを外から見ると、つい考えてしまうのはアメリカの心理学者アブラハム・マズローが提唱したという欲求段階説理論です。

マズローによると、人間の欲求はピラミッドのように、下から「生理的欲求」「安全の欲求」「社会的欲求」「承認の欲求」「自己実現の欲求」へと5つの階層になっていて、マズローの理論では低い階層の欲求が満たされると、次の段階の欲求を求めるようになるといわれていますが、これはフィンランド人にはあまり当てはまらないかもしれません。

この理論をフィンランド人の幸福観に照らし合わせた時に、食欲や睡眠のような「生理的欲求」、心身ともに健康で、経済的に安定した暮らしができている「安全の欲求」が満たされていることにかけがえのない幸せを感じているのがフィンランド人らしい、と思うのです。マズローの理論でいう承認の欲求と自己実現の欲求が薄いのかもしれません。

また、経済的な格差はほぼなく、仕事の肩書や上下関係、社会的なステータスなどをあまり気にする人もいないので、知名度や年収をあげたい欲求は少し薄いように思います。現状に満足していて多くを望まない。幸せを感じる基準はフィンランドデザインを同じく、シンプルです。

　では、フィンランドに住めば幸せになれるのかというと、そうとは限りません。なぜなら幸せは物理的にどこかに存在する空気のようなものでもなければ、マジックのように一瞬で何かが変わるものでもないからです。**何があっても安心できる社会**やシステム、セーフティネットは確かに整っています。しかし**個人の心の中のマインドセットも必要です。**フィンランドには、幸せになる可能性があるだけです。

＊Statistics Finland（フィンランド統計局）
https://stat.fi/tup/satavuotias-suomi/suomi-maailman-karjessa.html

マズローの欲求5段階説

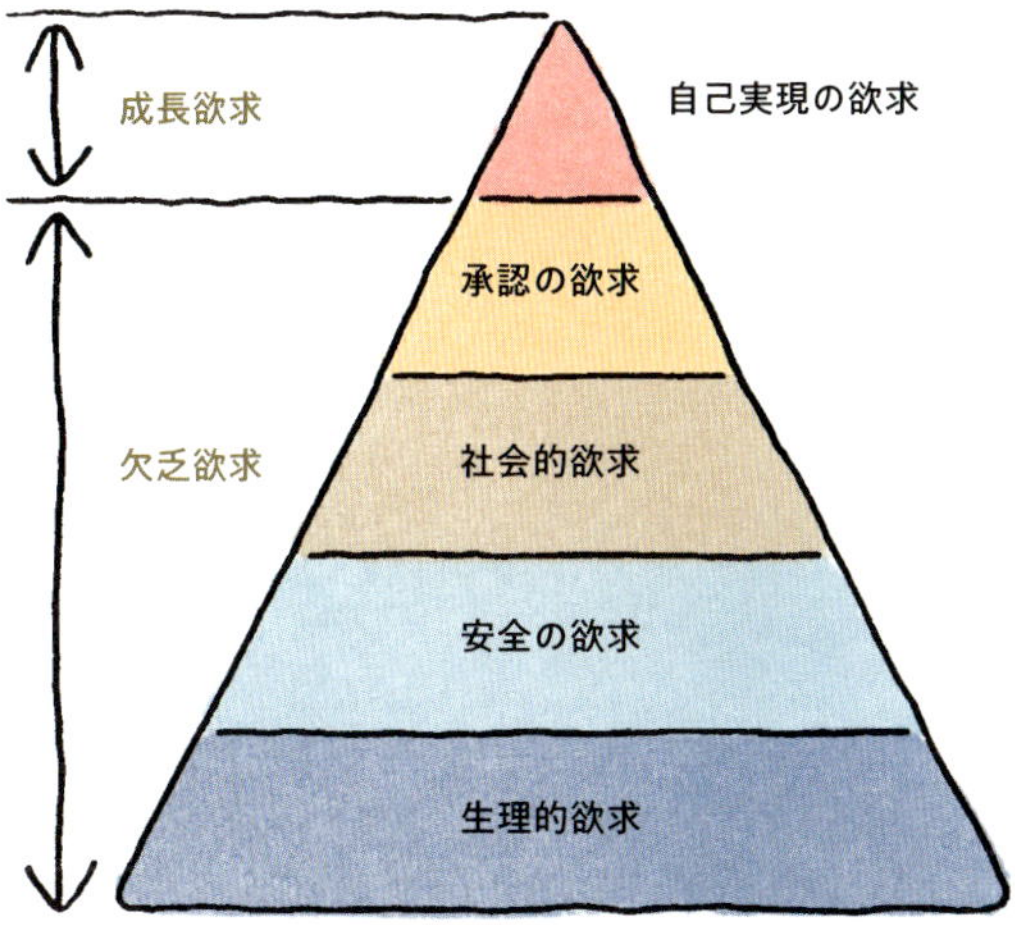

信頼

フィンランドの電車や地下鉄には、改札がありません。たまに抜き打ちで検査官のチェックが入ることがありますが、切符を持っているかどうか改札で毎回確認されることはありません。そしてフィンランドは税率が高いことでも有名です。消費税が25・5%もの高さなのに、70%以上のフィンランド人は税金を喜んで払いたいと言っています。[*1]

　この二つのことは一見関係がなさそうに聞こえるかもしれませんが、どちらも他者に対する「信頼」が背景にあります。

ベビーカーで眠る赤ちゃんがお店の外にいることも。

このような信頼感は他者に助けてもらえるという安心感につながり、フィンランドの幸福度の高さに大きく貢献していると思います。

社会への信頼度の高さ

世界的に見ても、**フィンランド人の信頼度の高さがトップレベル**であることを示すデータがあります。OECD（経済協力開発機構）の調査によると、フィンランドでは他者に対する信頼度は78％、政府については約76％、利用した行政サービスに満足している人は83％と、公務員への信頼度も高くなっています。この数値はすべてOECD加盟国の平均より高く、政府への信頼度の高さはOECD加盟国の中で3位になっています。[*2]

このように政府や他者が信頼できると、例え多くの税金を払ったとしても、いつかは自分のもとに何かのかたちで戻ってくるという安心感が生まれます。税はみんなのために使うという考え方が広く根付いているのです。

また、税金を払いたくないと答えた人の割合は、パンデミックや戦争が続く世の中でも10年前に比べて大きく減少しています。税金を支払うことが福祉国家を維持するために重要、または国民の義務である、ということについて同意する人の割合は94％でした。[*3]

これには、教育を無償で受けられる権利をはじめ、生活を支えるシステムが税により整備されているということが背景にあります。自分もまわりの人もみんな、多くの権利を保障されていることへの感謝の度合いが大きく、たとえ企業や個人で節税対策ができても絶対にしないと、先日ある有名フィンランド企業のCEOが言っていました。このように税金を払うことを誇りに思っているのは、この方だけではありません。

互いへの信頼感がつくる仕事のかたち

国への信頼以外にも、普段の生活や仕事においても他者への信頼の高さが感じられます。冒頭に紹介したように、地下鉄の改札がないこともそうですが、フィンランドはパンデミックになるはるか前からリモートワークが一般的に普及していました。

これも、出社をしないと仕事をさぼるのではないかと前提とする発想ではなく、あなたなら真面目に仕事をしてくれるはずだ、という信頼に基づいています。

仕事は成果で勝負するものなので、たとえ仕事場が会社ではなく自宅であったり、目標達成までの詳細なプロセスが見えなくても問題になることはありません。

また、お店の店員さんなどリモートワークができない仕事においても個人の裁量権は大きいと思います。

私は新卒で日本企業に入社して、そこからフィンランドの組織に転職しました。フィンランドの組織は、上下関係がほぼなく、上司をファーストネームで呼ぶことも一般的です。さらに、たとえ若手であっても、上司に聞かなくても自分で判断できる範囲が広いため最初は日本企業との違いに戸惑うこともありました。

他の人を信頼し、自分も信頼されていると実感できるからこそ、人の目を必要以上に気にしなくてもいいし、日々の生活や人とのやりとりで疲れることもない。そんなフィンランド

1
―
2

1／ヘルシンキの地下鉄には改札がありません。アプリやクレジットカード、もしくはこのようなチケットを携帯して乗り降りします。2／フィンランドには誰でも利用できる公衆サウナが多いのですがオンラインで買った入場料のチェックもなければ、管理人もいない、ということもあります。

は暮らす人にやさしい社会ともいえると思います。空気を読むという文化はなく仕事の依頼の返事は、YESかNOだけで、引き受けたら絶対に最後まで成し遂げます。そして、相手も同様に約束を守ってくれると信じています。

フィンランド人は日本人と同じように社会のルールやマナーを守ることを大切にしているのですが、もう一つ日本人と似ているのは、紛失したものが戻ってくることです。仕事で日本企業と一緒にフィンランドに行くことが多く、財布やパスポート、パソコンなどをホテルやタクシー、サウナに忘れた日本人に何度も応対していますが、遺失物はすべて戻っていました。治安のよさからなのかカバンを開けっぱなしで歩いている人も多くみかけます。

このように他者の善良さを信じているフィンランド人は、海外に行くと、ときに大変な目に遭うことがありますが、それでも人の良さを信じたい、と思っています。

＊1、3　https://yle.fi/a/74-20058639　フィンランドの国営放送「Yle（ウレ）」

＊2　https://www.oecd.org/en/publications/oecd-survey-on-drivers-of-trust-in-public-institutions-2024-results-country-notes_a8004759-en/finland_596ba5da-en.html
経済協力開発機構（OECD）、Survey on Drivers of Trust in Public Institutions 2024 Results - Country Notes: Finland

Well being

フィンランド人の諦めずに頑張る国民性「sisu」

「**sisu**（シス）」という言葉を聞いたことはありますか。

sisu（発音：see'-so、シというよりも英語のseeのほうが近い）とは、とても翻訳しづらいフィンランド語で、**困難な時にも諦めずに頑張る力、前向きでいる力、心の中にある意思の力**といった意味の言葉です。シスは多くの場合、意思の力に加えて、汗や時には涙も伴う努力も含まれるのですが、我慢とも自己犠牲とも異なる、自分のため、よりよい明日のためにひそかに頑張るポジティブな力です。これはフィンランドの国民性を語る上で欠かせないものです。

しかしフィンランドに行っても、シスという言葉を耳にする機会はほとんどありません。なぜなら、「自分はシスをもっている」、「私はシスを発揮した」などと誰かと話すことは絶対にないからです。自分で自分のことを褒めることが好まれない国です。

日々の生活の中にあるシス

では、シスはどのような場面で見られるのでしょうか。それは、新聞などをのメディアを通じて出会うこともあります。

例えば、「フィンランドのアイスホッケーの選手たちは諦めずにシスを発揮して一番のライバル（そしてとても仲のいい）スウェーデンに勝った」というニュースや、「手術の後のリハビリはシスが必要だ」という記事、さらには「最近の若い人はシスが足りない」という年配の方のご意見などから見つけられることもあります。

また、交通機関のストライキで通勤できない時に、大雪の中クロスカントリースキーで会社に行った人のシスを褒めたたえる声掛けも見受けられます。シスの形容詞は「**sisukas**（シスカス）」、例えば「**Oletpa sisukas!**＝あなたはシスを持っているね！」といったように使います。

シスは自分に対しては使わないのですが、誰かに「**sisukas**」と言われたら、一番の誉め言葉です。

シスは、日本人も共感しやすいフィンランドの国民性のようで、日本でのテレビ出演やトークイベントに登壇する時には「ぜひ紹介してほしい」、とお声がけいただくことが多かったのですが、今までシスについて話すのは少しとまどいがありました。

というのも、シスがあるからフィンランドは幸せ、という結びになってしまうのはとても単純すぎるし、かといって、ヒュッゲやフィーカのような豊かな暮らしに結び付くものでもない別世界の言葉だからです。

シスという言葉が世界的に有名になったのは、フィンランドでは冬戦争と継続戦争と呼ばれる1939年以降の第二次世界大戦の時。旧ソ連によるフィンランドへの侵

1｜2

1／真冬の極夜の時期。午後4時には真っ暗です。暗さと寒さに負けず、頑張って雪かきしようとする甥っ子。2／東京は寒いと言ったら父が送ってきた写真。「すべての山は越えられる」とブラックユーモアのコメント付き。

攻の際、小国フィンランドが巨大なソ連に立ち向かいシスを発揮して独立を失わなかったという歴史があるため、簡単には触れられないことだと思っていました。

シスが培われる風土

フィンランド人がシスを培ってきた理由、そして幸せを感じられる理由は共通の背景があると信じています。フィンランドの幸せとは、もしかしたら今のままで十分満足している、大丈夫、という満ち足りた幸せなのかもしれません。それには、フィンランドの時には厳しく、時には美しい自然環境も影響しています。

冬は暗く、寒い日が長く続くという気候条件は毎年繰り返されることで、誰かの力で変えられることではありません。そういった**過酷な自然環境を受け入れて、対処する能力を培ってきたのだと思います。**

今日は快晴で暖かくて、白樺の葉が風に揺れていて天気がよくても、明日はまた寒いかもしれない。そして、毎年とても待ち遠しい6月から8月にかけての夏は、半袖で出かけられる天気を期待しますが、年によっては肌寒い日が続く場合もあります。

これは、同僚の言葉を借りればフィンランド人にとって「人生で一番の大惨事」。それでも来年はきっとよくなる！　と信じ続けます。そんな中で**今を大事に生きようという気持ちを強くもち、現状に満足し、常に多くを要求しない**フィンランド人が多いと思います。この忍耐力、前向きでいる力、シスこそがフィンランド人の幸福感に影響していると思っています。

私にとってのシス

話は変わりますが、世界一まずい飴として知られているフィンランドの「**salmiakki**（サルミアッキ）」をご存じでしょうか？　その中に「**sisu**」という商品があるのですが、フィンランドで一番売れているサルミアッキというわさもあります。

サルミアッキは、フィンランド人は好きな人が多いですが、私はフィンランド人らしくないからか、本当にまずいと思っています。

受験勉強中、母が買ってきてくれたニョロニョロのマグ。ニョロニョロはフィンランド語で「Hattivatti（ハッティヴァッティ）」。ヴァッティは電力のワットのフィンランド語。雷の電気エネルギーを体に蓄えることから、「勉強のために充電してね！」というメッセージが込められていたギフトでした。

しかし高校の卒業試験（各科目6時間以上の試験を6科目分受けて、計42時間）と大学受験の勉強をしていた時に、あまりのまずさで目が覚めるので、よくなめていました。そのシスのおかげなのかわかりませんが、一発で受かる人はほぼいない学部に合格した時はとても嬉しかったです。

自分で言うのはとても恥ずかしいのですが、サルミアッキとの受験勉強が自分なりにシスを発揮した時かもしれません。

ここ最近一番頑張った仕事が成功して帰りにヘルシンキ空港で記念に購入したサルミアッキ。強烈な匂いに耐えるためにもSISUが必要（笑）？

Well being

パーソナルスペースを大切に

日本人とフィンランド人には共通点がたくさんあります。

例えば、時間も約束も守る。少し真面目で謙虚でシャイ。季節感を大切にしていて、サウナやお風呂文化が昔からあって、知らない人とでも裸の付き合いができてしまう。そして会話の中に長めの「間」が訪れても気まずさを感じない。

実は多くの国、例えば北米やヨーロッパ諸国の会話においては、スモールトークや中身があまりない雑談が長く続くことがあります。フィンランド人はスモールトークにはあまり慣れていないので、受け答えに困ります。

静けさと間を感じること

以前ショートホームステイを経験したイギリスやスペインでは、相手との会話中に一瞬でも無言になると気まずいと焦る人もいました。しかしフィンランドでは、話したいことがなければ静かにしていても問題はありません。この点では日本人と一緒にいるととても気が楽です。学生時代に留学先を検討していた時、最初はフランスに留学しようとしていたのですが母から、「シャイなラウラにはフランスより日本のほうがいいんじゃない?」とアドバイスを受けたことが日本に留学を決めた理由のひとつでした。母は行ったこともない日本になぜか親近感を感じていたようです。

日本では何もない余白や間、静かな瞬間にこそ美を感じる文化がありますし、日本人と一緒にいれば何も話さなくても心地いい。毎日のことなので、小さなことに思えても、実はとても大事なことです。

パーソナルスペースの取り方

しかも、物理的な間の取り方も似ています。電車の中で席に空きがある時は、なるべく隣に座らない、列に並ぶ時は前後の人とある程度の距離を保つ、挨拶はハグとキスはNG(最近では知っている人同士でのハグは普通になりつつあります)。お互いのパーソナルスペースに踏み込まないよう、少し距離をおいて話します。

コロナ禍で「人と話す時は2メートルのソーシャルディスタンスを置きましょう」となった時は、「いつもそうだから何も変わらない」と笑っているフィンランド人もいました。

しかし、フィンランド人はこのパーソナルスペースの取り方を会話でも生かしている、と感じることがあります。日本では、他の人に迷惑をかけないことが大人のふるまいの一つの条件であると感じますが、フィンランドの場合は、**他の人のことに干渉しすぎないことが大人の条件**です。

相手の年齢や家族構成について聞くのは失礼にあたるのと同じように、人の見た目に対してのコメントはしないし、その人が

駅のホームでもそれぞれが等間隔に並び、パーソナルスペースをしっかり確保。

自分から話しださない限り、相手のプライベートを詳しく聞くこともしません。なぜなら、人はみんなバックグラウンドが違えば、何で喜ぶか傷つくかも違います。褒めたつもりのコメントや大したことではないと思った言葉がその人にとってはつらく突き刺さることもあるからです。

自分らしくいられる余白

このようにフィンランドではお互いの精神的なパーソナルスペースを尊重し、プライバシーを大切にするのがよしとされています。ちょうどいいところで人と距離を保つことで、他者に不用意に踏み込まれない安心感が生まれます。それは、**自分らしくいられるための余白**のようなものです。

ひとりひとり異なる人生を生きている私たちにとって、お互いを大切にするための余白は必要ですよね。

誰か知らない人と一対一のサウナは恥ずかしいかも？　ホテルクラリオンのサウナ。

常に「miksi?《ミクシ》（どうして？）」と聞かれる教育

14歳でテーブルウェアのシリーズを決めて、一生モノとして揃えたり、期間限定の商品（ムーミンマグは例外）や毎年の流行より自分が好きなものを長く大切にしたりするフィンランド人。就職活動において「新卒」という採用制度がなく、若い時から自分が将来なりたい職業を見据えたアルバイトをすることもあります。

このような話をすると、「自分は何が好きなのか、どのようにわかるようになるのですか」と聞かれることがあります。私は教育の専門家ではありませんが、その理由の一つはフィンランドの教育にあると思っています。

「mitä?（ミタ）＝何？」ではなく、「miksi?（ミクシ）＝どうして？」を問う教育

フィンランドの試験は正解と不正解しかない択一式の問題より、自分で考えて分析することを必要とする論述式の問題が多く出題される傾向があります。私は高校生の時は完璧主義者で、教科書を丸暗記することも多かったのですが、それでも成績がよくない時がありました。

「これだけ理解しているのに、なぜ評価が低いのですか？」と先生に聞いた時に、「自分で考えたアウトプットを解答で示さないと、テストで高い点数はあげられませんよ」と言われたことがありました。

この時に教科書に書いてあることをうのみにするのではなく、物事の因果関係を考慮した上で、自分の意見をもつことの大切さを実感しました。

フィンランドの教育で重要とされるのは**正解や不正解にこだわらずに、自分の考えを根拠をもって発言し、それを説明できる力を評価する考え方**です。様々な人々が暮らす社会においては多様な意見は尊重されるべきことで、人と意見が違うことは当たり前。社会は白と黒のようにはっきり分けられるものではないことを小さい時から教えられます。

私は世界史が小さい時から大好きでしたが、歴史でも重要視されるのは、ビッグピクチャー、物事の全体像をとらえることです。なぜある出来事が起きたのか、それがどのような出来事につながったのか、と物事を俯瞰して考える視点が必要です。何年に誰が首相になったのか、政治家の功績などの情報はウェブで検索すればすぐに得ることができます。それよりも今のフィンランド社会につながる歴史の流れを説明したり自分の考えを示すことが評価されるような授業ばかりでした。

様々な情報を組み合わせて自分で考えて新しいことにつなげる力は時代にとらわれない能力です。

また、フィンランドでは高校から単位制の授業が行われます。自分の好きな科目を組み合わせて勉強しますので、自分に向いている、将来のためになりそうな科目を取って、高校生の時から専門性を高めることもできます。クラスメイトがいる訳ではないので、チームワークで協力して学習を進めるというより、自分が主体となって勉強を進めることになりますので、ここでも自分で考えて行動する力が身に付きます。

高校卒業試験は42時間!?

日本では、フィンランドの学校では試験がない、宿題がない、と紹介されることもあります。確かに夏休みの宿題はありませんでした。しかし、小中学校においても試験はありますし、高校を卒業するためには非常に厳しいテストもクリアする必要があります。

多くの場合、自分で選択した6つの科目それぞれ6時間、語学の場合はこれに加えてリスニングのテストを2時間、合わせて約42時間ほどの試験を受けます。6時間も座り続けて試験を受けるとさすがにお腹がすきますので、軽食を持参して試験に臨みますが、私はいつも黄色いミニトマトを持参していたので、どこかで見ると今でもその時の思い出がよみがえり、鳥肌が立つほどです（会場の緑色の床を一生忘れないでしょう）。

高校卒業試験は大学受験とは別の試験になりますので、3月の卒業試験が終わってから、大学受験の勉強を開始します。私はどうしても入りたい大学の学部があったので、その試験が行われる6月まで必死に勉強しました。その後合格祝いに日本へ旅行に行きましたが、疲れがとれずへとへとで、あまり記憶がないくらいです。このような体験を経ているので「フィンランドは試験がない」という噂はどこから出たのだろうかと不思議に思います。

フィンランドの教育が目指す先は

フィンランドでは教師になるためには大学院の修士課程まで5年間教育学を学び、専門性を高める必要があります。教師になるためには高い教育レベルを必要とすることで、教師の質が確保できるメリットはあると思いますが、教員の働き方や制度の違いがあるためすべての国ですぐに導入するには多くの課題があると思います。

私が中学、高校に通った2000年頃は、フィンランドの教育の黄金時代でした。OECDによるPISA（学習到達度調査）の点数が高く、教育先進国として注目されていて、フィン

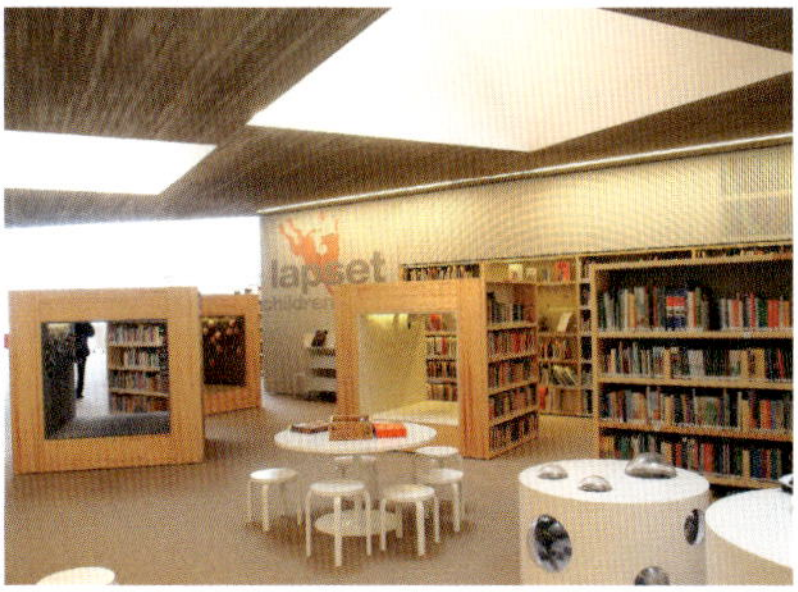

1／ヘルシンキ大学の図書館。開放的な窓が特徴の優れた建築で、勉強がはかどります。**2**／フィンランドの図書館。大人も子どもも本を読みたくなる工夫がたくさんされているデザイン。

ランドへの教育視察が殺到し世界的に注目されていた時でした。現在でもPISAの点数は上位であるものの、長期的な低下傾向がみられます。

フィンランドの教育がこれからどのように舵をとるのかはわかりませんが、これからも**「miksi?**(ミクシ)=なぜ?」という問いを大切にし、知識や情報を自分なりに組み合わせて活用できる力が身につくよう、人々が考えて行動することを後押ししてくれる教育であってほしいと思っています。

そして、AIやフェイクニュースの時代にこそ、**自分で考えて疑問に思えるスキルが身につく教育が極めて重要**だと感じています。

幼いころ、祖父が宿題をみてくれました。

趣味とクレイジーな大会大国フィンランド

フィンランド人は仕事を早く終わらせる休み上手で、幸福度が高い人たち。このすべての背景にあることの一つは、趣味です。

フィンランド人の趣味というと、スキーなどのスポーツ、編み物、語学、料理、音楽を聴いたり、楽器を弾いたりすることなど、そして特にフィンランドらしく感じるのは森での散歩やスキー、編み物、日曜大工といったものです。ただここに「サウナ」は並びません。なぜなら、サウナは日本人にとってのお風呂と同じようにライフスタイルの一部だからです。でも「サウナを作ること」を趣味とするフィンランド人は意外と多いと思います。

森は至るところにあるフィンランド人の居場所のような存在、森にいるとマインドフルネスのような効果があります。スキーはスポーツ以外に冬には交通手段でもあり、体育の定番です。編み物は、女性の趣味としてのイメージが強いかもしれませんが、フィンランドでは編み物は学校の家庭科で習うもので、私が中学校に通っていた時はスノーボードやスケートボード男子の中でとても流行り、自分の帽子を編める男子がかっこいい！　という雰囲気がありました。

2018年の平昌《ピョンチャン》冬季オリンピックにおいて、スノーボードのフィンランド代表コーチが選手の滑走直前までずっと編み物を続けていた姿がニュースになっていたので、記憶にある方もいらっしゃるかもしれません。編み物は心を落ち着かせる効果があると人気です。

日曜大工やDIYも盛んで趣味とする人が多く、家やサウナを自分で建てることも一般的です。このような北欧の文化があるから、DIYショップ、フィンランド語で「**rautakauppa**（ラウタカウッパ）」、直訳して「鉄ショップ」はサウナストーブや建材、ペンキなどが豊富に

フィンランドの家はスリッパではなく、冬場は毛糸のくつ下で過ごすのが一般的です。

揃っていて、野菜や魚をスーパーに買いに行く感覚で母とよく行っていました。**男女の役割分担が明確になく、適正や好みで決まる**フィンランドなので、実家の日曜大工はいつも母が担当でした。

なぜ学校に通わず専門的な知識がなくても自分で家を建てられるようになるのでしょうか。一つの理由は、近所や親戚で家を建てることができる人がまわりにいるので、その人の手伝いをしているうちに自分もスキルが身につきます。もう一つの理由は自信です。祖父母も母もずっと何かを作っているし、ここ数年はずっとサウナの作り方をレクチャーを通訳していますので、サウナなら自分でも建てられる自信があります（笑）。現実は絶対に違いますが、何かにチャレンジするには自信が大事です。三つ目の理由は、自分で誰にも頼

祖父母がサマーコテージを建てている時の写真。

らず頑張ってやりたいというフィンランド人の頑固さです。家具の組み立てにしても、誰にも聞かずに頼らずに一人で完成させるというプライドを持っている人が多いように思います。詳しい人に聞いたほうが早い場合もありますが、苦労するのは自業自得、それも受け入れます。

このように**何かを「作る」趣味をもつ人が多いことも幸福と深い関係にあると考えています。**

まず、幸福の普遍的な要素の一つは、自分が物事の達成に貢献できていることを味わえることですが、自分で何かを作ってそれが完成すると、貢献した気持ちになります。

また、仕事の後や休みの日に一人で、もしくは誰かと一緒に散歩や趣味を楽しむと、暗い冬を乗り越えられやすくなります。自分が楽しく前向きになれることを探して、それを継続していくのが大切です。太陽が出ていなくても、自分で太陽の光を作るような感覚です。

冬を乗り越える手段

また、趣味は仕事や休み方にも密接に関係しています。**趣味という楽しみがあると、早く帰りたい気持ちが生まれて、仕事の効率があがる**はずです。また趣味を冬を乗り越える手段として考えると、結果的にワークライフバランスにもつながります。またシャイなフィンランド人は大人になるとなかなか友達が作れないので、そのツールとしても趣味が有効です。

そしてフィンランド人は冬にこそ旅行をするのも一般的です。夏休みに海外旅行をする人ももちろんいますが、せっかくの過ごしやすい天気なので、サマーコテージライフを満喫する人も多いのです。昼間の暗さに飽きて、太陽が見たい冬にこそ海外旅行をして、太陽のパワーを目一杯に吸収しに行くのが人気です。

ちなみに、11月は冬至が近くて日照時間が短い上に、雪がまだ降っていないので、暗さと寒さがより一層身にしみます。一番気持ちがふさぎこむ季節として有名です。昔のフィンランド人もそれを実感していたのだと思います。11月はフィンランド語で「**marraskuu**（マッラスクー）」＝「死の月」。これは、冗談でもブラックユーモア

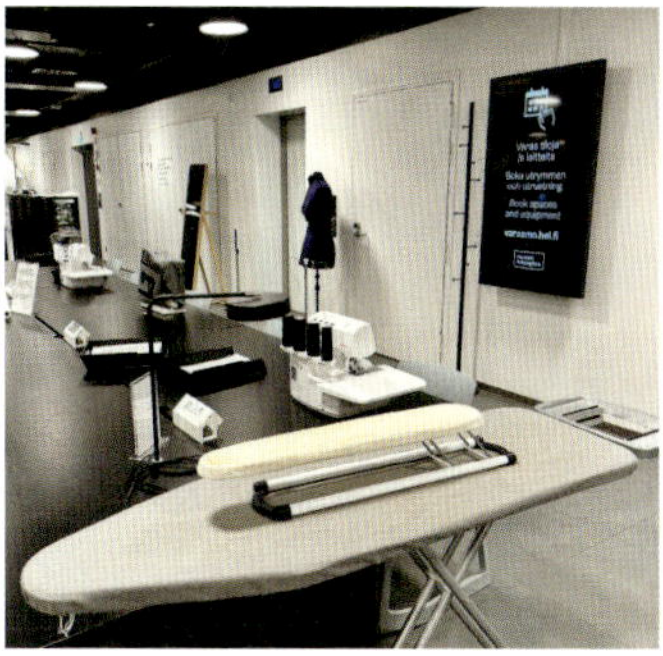

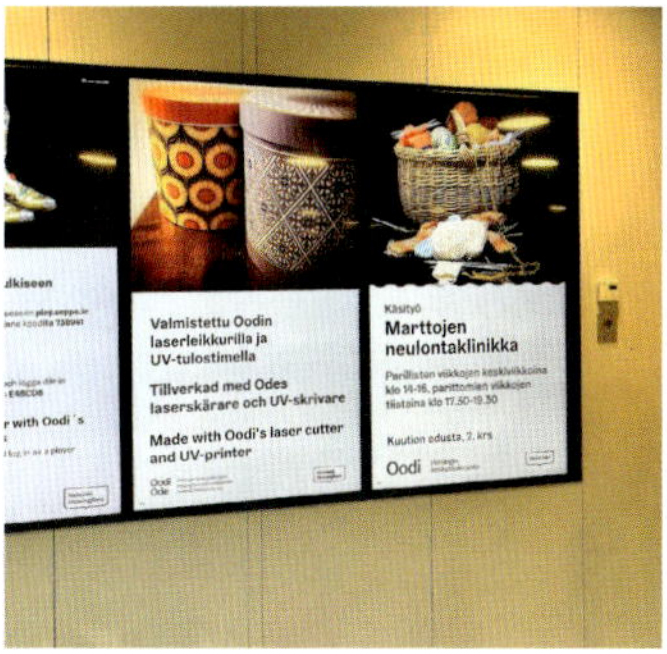

1｜2
1／オーディ（ヘルシンキ中央図書館）には無料で使えるミシンやアイロンも。
2／オーディでの編み物イベントの開催告知。

でもありません。でも冗談とブラックユーモアが必要な季節ではあります（笑）。

実はクレイジーなイベント大国？

フィンランド人がシャイであることはお伝えしてきましたが、その反動からなのかクレイジーなイベント大国という一面もあります。

例えば、エアギター選手権、奥様運び世界選手権大会、携帯電話投げ選手権、スタートアップのビジネスアイディアを氷水の中で世界に発信する「Polar Bear Pitching」、サウナ温め選手権など。

エアギター選手権は文字通りにエアギターのパフォーマンスを披露する大会、奥様運びは文字通りに男性がパートナーの女性を担いで障害物競走に挑みタイムを競う大会、携帯電話投げ選手権は携帯電話を投げその飛距離を競う大会です。この辺りは想像しやすいかと思います。

「Polar Bear Pitching」は、凍った湖に穴をあけた氷穴（アヴァント）に入り、その氷水の中でスタートアップのビジネスアイディアをアピールするクレイジーなビジネスイベントです。サウナ温め選手権は、サウナに入っている時間の長さを競うのは健康によくないということで、3～4名のチームで一番早くサウナを温めることができるのはどのチームかを競うというサウナ大国フィンランドらしい選手権です。

なぜこのようなぶっ飛んだことをするのか。私が思うには、あまりにもシャイなので、誰かと一緒に普通に何かをするのは恥ずかしいけれど、大げさに冗談にして、笑いながらやれば怖くないし恥ずかしくなくなるからこのようなクレイジーな、みんなが楽しく交流できる大会が生まれたのだと思います。

ちなみに、これらのイベントには日本人も参加していて、しかもエアギター選手権は日本人が何度も優勝しています。日本人はシャイで真面目な性格がフィンランド人と近い上に技術改善や細部へのこだわりを大切にする人が多いので、このような大会はきっと相性がいいと見ています。

もう一つ日本でサウナのように人気が高まっているのは、フィンランドの「**Mölkky**（モルック）」です。2024年にはモルックの世界大会が初めて日本（そして初めて留学した地元の函館！）で開催されました。私もこの大会に参加しましたが、モルック世界大会において過去最多の参加者数で、フィンランド人がみんな日本人のモルック熱にびっくりしていました。

モルックは、フィンランドのカレリア地方の伝統的なゲームを基に、あるフィンランド企業が開発しました。木製の棒（モルック）を投げて木製のピン（スキットル）を倒し、得点を競うもので、フィンランド人はゲーム感覚でやっていますが、日本ではスポーツの色合いが強いです。

このモルックがなぜ日本でここまで人気になっているかの背景は様々で、一回ルールを聞くだけですぐにできるゲームが珍しいというのが一つでしょうが、ゲームのルールに込められている意図も影響していると思います。

モルックは経験者も初心者も、年齢や性別に関係なくできる、コミュニケーションツールにもなる、ゆるく楽しむことができるゲームなので、まさに**平等、寛容、信頼などのフィンランドらしさが味わえる**素敵なスポーツだと思っています。

ムーミン

フィンランド人に聞いても、日本人に聞いても、誰もが知っているくらい有名なキャラクター、ムーミン。ムーミンなしでは語れないほどフィンランドの生活とも結びつきが強いキャラクターです。最近日本でフィンランドのサウナの人気が高まっているからか、「ムーミンはサウナに入りますか？」と聞かれることさえあります。しかし、ムーミンはおそらくサウナには入らないと思います。なぜならムーミンが住んでいるのはフィンランドではなく、ムーミン谷だからです。

ムーミンと仲間たちが繰り広げるムーミン谷の物語は**フィンランドについて学べる価値観や考え方、発見がたくさん入っています。**ムーミンの専門家ではなく、ムーミンと一緒に育ったフィンランド人として、大好きなムーミンと、そのフィンランドらしさについて紹介したいと思います。

ムーミン、フィンランド語で「muumi（ムーミ）」は、フィンランド人の作家、トーベ・ヤンソンによって誕生した2025年に80周年を迎えたシリーズです。原作は小説ですが、その後漫画やアニメが制作され、マグカップやグッズなどのキャラクタービジネス、さらにはムーミンの世界観を表現したテーマパークなどへと広がっています。

ムーミンはフィンランドでとても愛されている存在で、限定品にこだわらないフィンランド人でも新しいムーミンマグは別で発売されると即完売します（笑）。

児童文学として知られ、可愛いキャラクターたちが印象的ですが、年齢や性別、国籍を問わず、多くの人が共感できる素敵な世界が広がる物語です。

フィンランド人は、ムーミンをテレビで観て、漫画や

1｜2

1／マグカップからもムーミンの世界が広がります。母のマグカップコレクションがすごいことになっています。
2／フィンランドの家族がずっと送ってくれているムーミンのポストカードを大切に取っておいています。

小説で読んで育って、ムーミンと一緒に大きくなった人が多く、私も小さい頃には、ムーミンのぬいぐるみで遊んだり、姉妹3人でお風呂に入った後にみんなでムーミンのアニメを観たり、夏にはサマーコテージでムーミンの漫画を読んで、たまにムーミンワールドに連れていってもらいました。振り返ってみれば、ムーミンについての温かい思い出ばかりです。

そのため、2019年に埼玉県飯能市に「ムーミンバレーパーク」ができたことは、ムーミンを愛している人がたくさん日本にいて、とても大事にされていることを実感した出来事でした。フィンランド以外の国として初めてムーミンのテーマパークができて、しかもそれはフィンランドではなく、日本企業がとても丁寧に再現度高く制作されたことから、初めて行った時は嬉し涙で感動しっぱなしでした。

ムーミンが誕生したのは今から80年前ですが、今こそ通じる多様性と寛容さが素晴らしく、世界中どこでも共感できる普遍的なメッセージがこめられています。

社会は正解と不正解で分けられるのではなく、いろんな意見があるだけというフィンランドの教育でも大切にされていることが実感できる物語です。

小さい時はムーミンについて深く考えたことはなかったのですが、どのキャラクターもそのまま無条件で愛されている姿を観たり読んだりしてきたことが心に残り、価値観やものの見方、考え方にも影響があったと思います。そして私だけではなく、自分と同じようにムーミンと一緒に育ったフィンランド人全員が何らかのかたちで影響を受けているのだと思います。

80年前の多様性とは

トーベ・ヤンソンが80年も前になぜこのような多様性あふれる物語を書くことができたのか。ご本人に直接聞くことはかないませんが、自分が他の人と違う面がある、と感じる経験が多少あったようです。トーベは女性で、そして彼女のパートナーも女性でした。当時のフィンランドでは同性同士の結婚は認められていなかったこともあり、葛藤を抱えていたのかもしれません。*

ムーミンの世界がとても優しいことにはもう一つ理由があると思います。トーベ・ヤンソンがムーミンを生みだしたのは戦時中でした。毎日に喜びや優しさをもたらしてくれる物語は、戦争のような悲惨な時だけではなく、日々の忙しさから逃げたい時や、現実逃避したい時など、癒しを求めている人をいつでも待ってくれている世界です。

このようにフィンランド人は多くの人がムーミンに影響を受けていますが、みんなが違いに寛容で、フィンランドに行けばムーミン谷のような優しい世界が広がっている、と書くのは言い過ぎです。

当たり前ですが、どの社会もリベラルな人がいれば、保守的な人もいます。そして時代によって個人の価値観や考え方は変化して進化します。それでもムーミンの物語は、今のフィンランド社会につながる考え方がたくさん入っていると信じています。もし自分が親だったら自分の子どもには絶対に読んでほしい作品ですし、ムーミンと出会っていろいろなことを感じてもらいたい気持ちです。

そして、ムーミンのキャラクターはトーベ・ヤンソンの人生における登場人物に基づいて書かれているといわれていて、フィンランド人に似ているところがたくさん。その一つはスナフキンの急に旅立つ習慣です。例えば集団でどこかに行っている時にずっと一緒にいても、気づいたら挨拶のないまま消えていた、というのはフィンランド人あるあるです。

ムーミン谷の仲間たちのように、いつも自由でマイペース。ムーミンママは優しくて、リトルミイは意志が強い、スナフキンは急に消えちゃうこともあって、モランはいつも可哀そうな感じで、ムーミントロールは好奇心旺盛だけどいろいろ悩んでいる……などキャラクタ

1 | 2
3

1.2／ある日本企業の方が家族でフィンランドの実家に遊びに来てくれた際に、子どもたちに庭の小屋に自由に色々描いていいよ、とチョークを渡しました。すると子どもたちに伝えたムーミンの大切なメッセージ、「ムーミンやしきの扉はいつも開いているよ」という言葉を覚えていて、小屋に描いてくれて、とても感動しました。
3／もう一方の小屋の壁には、感謝の気持ちを込めて「フィンランドが好き」というメッセージと一緒に、私たちの家族全員の顔も描いてくれました。その後、感謝の気持ちを伝えるという日本の文化に感銘を受けた母が近所の人にこの話をしたことにより、小屋が近隣エリアの観光地化しつつあります。子どもたちの作品こそ、ムーミンのようなやさしい世界です。

ーの性格もいろいろ。ドレスを着ている男性キャラクターもいれば、性別がわからないキャラクターもいます。

人間は生まれた時は、まるで真っ白なキャンバスのようなもので、それを何で染めるかによって人も人生も変わってきます。「普通」の基準は人によって異なるし、ムーミンのキャラクターは私にとってすべて「普通」でした。そして、大人になるとこの普通の世界を見せてくれたムーミンはなんて素晴らしいのかと気がつくことが増えました。

小さい頃にはムーミンを「哲学」として考えていませんでした。ムーミンのキャラクターは、いいキャラクターと悪いキャラクター、美しいキャラクターと美しくないキャラクターという二項対立のような構造はなくて、みんな個性豊かで、みんなそれぞれの違いをありのままに受け入れています。

このように、**どんな個性的なキャラクターにも、ムーミンやしきの扉はいつも開いているのです。**

＊　フィンランドでは2017年より同性婚が合法化となった。

Well being

フィンランド人の私がハマった パフェという素晴らしい日本文化

この本を読んでくださっている方は、フィンランドに興味を持ってくれているのだと思いますが、私が今最も心惹かれている日本の素晴らしい文化を一つだけ紹介させてください。それは日本のパフェです。ここ数年、毎年500本ずつ食べているのですが、47都道府県すべてでパフェを食べる計画が順調に進んでいて、残り2県となりました(2025年4月現在)。

実はフィンランドは一人当たりのアイスクリームの消費量が世界4位でヨーロッパでは1位。そしてデザイン大国としても知られています。私の家族は特にアイスが好きで、そして私は小さい時の夢は建築家、初めてのバイト先がマリメッコというほどデザインが好きです。そのため、2010年に初めて日本の層構造の美しいパフェを食べた時には、「アイスがデザインできるんだ！」ととても感動しました。

パフェという言葉は元々フランス語のパルフェ（parfait）が由来とされていますが、フランスに行ってもパフェに出会えることはありません。フランスのパルフェはアイスクリーム状の冷菓にソースや果物が添えられた皿で供するデザートです。

というのもパフェは、ナポリタンやプリンアラモード、コーヒーゼリーやフルーツサンドと同じように、日本発祥の食べ物だからです。アメリカのシンプルなサンデー*を日本ならではのディテールにこだわる職人気質で、今のような層構造の、食べられる芸術に発展したのではと思っています。

パフェには、日本文化がたくさん感じられる魅力があります。繊細なディテールを表現する職人技、元の製品をバージョンアップする発想と技術、食で季節感を楽しむ気持ち、「口内調味」という様々な味を口の中で合わせて食べるという日本特有の食事法、そしてわくわくする演出とともに、一瞬で散ってしまう桜のような儚いアート作品と出会うような気持ちなどです。

私の妹夫妻が来日した際に何がしたいかと聞いたところ、その答えは「日本のパフェが食べたい」でした。京都の有名なパフェ屋さんにどうしても行きたくて、時間があまりない中閉店間際に四条烏丸のパフェ屋さんへ走って、夜パフェを食べに行った思い出もあります。

1 | 2
3

1／梅雨を表現した紫陽花パフェ。日本のパフェ文化と技術の発展に貢献した「L'atelier à ma façon（ラトリエ ア マ ファソン）」の食べられる芸術です。
2／儚い桜を思わせるパフェ。芸術作品のようなパフェに初めて出会った「PÂTISSERIE ASAKO IWAYANAGI（パティスリィ アサコ イワヤナギ）」の傑作です。
3／東京・池袋のスパ施設「TimesSPA RESTA（タイムズ スパ・レスタ）」のフィンランドフェアで期間限定でフィンランドの森を五感で感じられるパフェを考案しました。

また、台湾や韓国などではパフェはすでに日本文化を感じられるとして人気のスイーツになっていますし、パフェという日本文化の体験を目当てに日本に来る方も増えている印象です。パフェはお寿司、ラーメン、日本酒のように**観光資源としてポテンシャルが高い**と思っています。私の第二（すでに第一かもしれない）の故郷、日本を訪れる一つの理由として今後も国内外で発信したいと思っています。

＊ 一般的に、細長く高い器で提供される、様々なパーツが層構造になっているのがパフェ、底の浅い器で提供されるアイスにソースなどシンプルな構成になっているのがサンデーといわれることもありますが、お店によっても解釈が異なる。

おわりに

Moi moi!

もいもい＝
フィンランド語で
バイバイ

ここまで、フィンランドのライフスタイルやデザイン、幸せな暮らしやマインドセットについて紹介してきました。もし、この本を読んでフィンランドに行ってみたい、フィンランドのことをもっと知りたい、幸せのヒントが見つかったなど、少しでも今のあなたの心に響いたことがあれば幸いです。フィンランドは確かに幸せになる可能性がある社会とはいえます。しかし、それと同じくらい大切なのは**マインドセット、アンテナの張り方**です。もちろんみんなが、フィンランドに行けば必ず幸せになる、ということではありません。私自身は好奇心旺盛で、新しい物事に出会うのが大好きなので、日本での暮らしがとても合っていますし、日本にいる方が幸せだと感じています。

フィンランド人は自然と一緒に生き、仕事とプライベートをともに大切にし、他者と自分の違いや〝らしさ〟に寛容で、お互いを信頼して何でもほどほどに頑張ります。フィンランドでは、**マイペースという言葉は褒め言葉です。**世界幸福度ランキングで8年連続1位になったフィンランドですが、フィンランド人からしてみれば、自分たちは世界で一番「幸福度」が高いのではなく、世界で一番人生への「満足度」が高いのだと思います。それは、「人生はきっとうまくいくだろう」という静かな、心の中にある確信と将来への展望です。**幸福と**

いう言葉を満足という言葉に置き換えてみるのも、幸せに気づくきっかけ、フィンランド発の幸せが見つかるマインドセットのひとつかもしれません。

私には、高校生の時函館に留学したことを機に生まれた夢があります。それは、日本とフィンランドの架け橋になることです。その夢を実現したく、やりたいことを言葉にし、何でもとりあえず挑戦し、たくさんのチャンスや出会いに恵まれました。もちろん、たくさんの挑戦の中には失敗も成功もありましたが、そのおかげで今があります。まさか日本語で本を書くことになるとは夢のような出来事です。まるで日本で初めて教えてもらった大好きなことわざ「棚から牡丹餅」、フィンランドなので「棚からシナモンロール」な気持ち！

日本に住んで14年、本当にたくさんの方にお世話になりました。恩返しとまではいきませんが、この本を通じて皆さんにフィンランドの幸せのヒントを少しでもお裾分けできたならとても幸せです。今まで私は支えて、応援して、仲良くしてくれた日本の友だちや、この本を読んでくれた皆様へ、感謝の気持ちを込めて。ありがとう！　**Kiitos!**（きーとす）

どこかで見かけた際にはぜひお声がけくださいね！

Moi moi!（もいもい）

ラウラ

Profile　ラウラ・コピロウ

フィンランド・エスポー市出身。高校生の時に北海道・函館に留学し、その後ヘルシンキ大学在学中に早稲田大学に留学。文部科学省の国費留学生として北海道大学大学院に入学、修了。日本の大手IT企業での就職を経て、2018年からフィンランドの建築、デザイン、食、サウナなどを日本で広める仕事を行っている。

また無類のパフェ好きインフルエンサーとしても知られ、2024年は500本のパフェを堪能し、その魅力を伝える「パフェタリアン」としての活動も注目されている。

日本テレビ『世界一受けたい授業』、テレビ東京『Youは何しに日本へ？』など出演。

Special Thanks

サウナイデア株式会社 島田大輔さま／川﨑亜利沙さま／artless Inc., shun kawakami／miho kawakami／hinoki kawakami／ryokuensha Inc., Yuya Ooyama／Taeko Ooyama／Haru Ooyama／Hiro Ooyama／Taku Ooyama
フィンランドの家族

今まで私を支えてくれた皆さま、いつもありがとうございます！

Instagram アカウント
@laura_from_finland　（フィンランド文化やサウナ情報の発信）
@laura_finrando　（パフェ文化の発信）
何か面白いことを一緒にやりたい場合はぜひご連絡ください。
laura.kopilow@gmail.com

フィンランド発
幸せが見つかるライフスタイル

2025年4月30日　第1版　第1刷発行

著者　ラウラ・コピロウ　Laura Kopilow

装丁　細山田光宣+奥山志乃
（細山田デザイン事務所）
イラスト　鈴木衣津子
校正　聚珍社
印刷・製本　日経印刷株式会社

発行所　株式会社WAVE出版
〒136-0082　東京都江東区新木場1-18-11
E-mail　info@wave-publishers.co.jp
https://www.wave-publishers.co.jp

© Laura Kopilow 2025 , Printed in Japan

NDC 590　167P　19cm　ISBN 978-4-86621-520-4

落丁・乱丁本は小社送料負担にてお取りかえ致します。

本書の無断複写・複製・転載を禁じます。